幼儿园教师胜任力培训丛书

幼儿园数学活动这样做

徐苗郎◎主编

华东师范大学出版社
·上海·

图书在版编目（CIP）数据

数学活动这样做 / 徐苗郎主编. —上海：华东师范大学出版社，2014.3
（幼儿园教师胜任力培训丛书）
ISBN 978-7-5675-1918-3

Ⅰ. ①数…　Ⅱ. ①徐…　Ⅲ. ①数学课—教学研究—学前教育　Ⅳ. ①G613.4

中国版本图书馆CIP数据核字（2014）第052038号

数学活动这样做

主　　编　徐苗郎
责任编辑　蒋　将
审读编辑　田雨佳
责任校对　赖芳斌
版式设计　孔薇薇
封面设计　卢晓红
封面图片　李慰宜

出版发行　华东师范大学出版社
社　　址　上海市中山北路3663号　邮编 200062
网　　址　www.ecnupress.com.cn
电　　话　021-60821666　　行政传真 021-62572105
客服电话　021-62865537　　门市（邮购）电话 021-62869887
地　　址　上海市中山北路3663号华东师范大学校内先锋路口
网　　店　http：//hdsdcbs.tmall.com/

印 刷 者　常熟高专印刷有限公司
开　　本　787×1092　16开
印　　张　7.5
字　　数　124千字
版　　次　2014年8月第一版
印　　次　2021年4月第七次
书　　号　ISBN 978-7-5675-1918-3/G·7266
定　　价　20.00元

出 版 人　王　焰

FOREWORD 前言

李慰宜教师培训中心的“爱上课俱乐部”成立之时正值上海地区执行二期课改开始阶段。由于课程模式从分科趋于综合，执行主题式的综合课程，因此实践者对幼儿数学如何教，从茫然到逐步接受、不断尝试。特别是在“教什么”即数学教育的内容方面，知道不能如分科教育那样依学科知识为主线安排的进度一节换一节上课。但是，教什么？——取什么材？虽然可以按照配套的教参资料里有关数学内容的“素材点”来设计教学活动，但仍会一时感到十分困难。

大家在主题开展中，为孩子提供的一些图画书中得到启示，利用这些既与主题开展有关的，又有数学元素在书中的，取之作为数学教育之材。因为图画书有故事情景，也节省了我们平时设计教学活动时煞费苦心去按数学内容安排情景的精力。但如何运用图画书进行数学教育，这是新鲜事。于是迎合改革潮流，我们俱乐部就从选择图画书作教材，花了两年多时间从选材、教学活动设计及活动执行等方面进行了适合年龄段、一材多研的方式，从实践到思考，思考后再实践，从而把过去与数学教育风马牛不相干的图画书作为新课改数学教育的选材渠道之一，使主题式综合课程中的数学选材拓宽了思路，在提倡“生活数学”学习中拓展了选材渠道。现把我们的实践和感悟与大家分享、交流，这便形成了本书第一板块“基于幼儿图画书的数学教育活动实践”的内容。

另一方面，幼儿学习数学需要学具这已为广大教师所认同。

其理由是幼儿学习数学不是成人教会的，数概念是教不会的，而是幼儿自己建构的。按皮亚杰的认知建构理论，幼儿学习数学是先与具体材料接触，反复探寻、操作，积累了大量的操作经验后内化，逐步建构概念，所以学具（材料）是幼儿形成数概念的先决条件。同时，使用学具能为幼儿架起桥梁、搭起脚手架，解决具体形象思维与抽象逻辑的数学知识之间联系的矛盾，因此就幼儿期年龄特点来说，学具的使用具有特殊作用。

但如何使用好学具，发挥它在幼儿学习中的作用呢？首先要确立“幼儿是学习的主体”的思想。学习主体是幼儿，是幼儿在用学具，必须给予主体操作的环境条件。

最重要的是学具必须是让幼儿“看得懂”（意为能接受），按他们已有经验能摆弄，能操作起来，使教师的投放意图转化为幼儿操作目标，要改变以往教师占主体地位的情况。为了给予学习主体创设自主性操作的环境与条件，我们在学具功能、学具选择、学具组合，增添学具中辅助材料，学具呈现方式等方面做了一些实践研究，与同行作交流，即本书第二板块“运用学具的数学教育活动实践”的内容。此板块内容由两部分构成：首先，以三篇专题文章作为导论，着重强调学具对幼儿数学教育的重要性，以及分享在学具材料投放方面的心得；其次，详细介绍了运用包括“5只猴子”、“几何图形片”等等在内的7种学具开展数学教育活动的使用策略和经验，并配以实践案例来呈现具体的活动实施。

徐苗郎

2013年10月12日

目录 CONTENTS

一、基于幼儿图画书的数学教育活动实践

目录 CONTENTS

二、运用学具的数学教育活动实践

一

基于幼儿图画书的数学教育活动实践

用图画书进行幼儿数学教育

徐苗郎

图画书大多以优美的画面和生动的情节呈现故事内容，其中有些内容是与数学相关联的元素，幼儿在阅读这类故事时，常常会按照已有生活经验去理解，甚至会曲解和误解图画书的原意。如对《金老爷买钟》中金老爷为什么不停地买钟，幼儿的回答是："金老爷太有钱了，才会买那么多钟，真浪费！"当问及金老爷家的钟是不是都不准的时候，幼儿都摇头，却说不出理由。这些都反映了幼儿尚不能运用数学知识和经验来解答故事中的问题。

幼儿数学教育涉及的是数、量、形体、时空等粗浅知识，似乎与故事"风马牛不相及"，但新课程改革提出的"数学教育生活化"促使教师重新思考：数学活动如何选择贴近幼儿生活的素材？如何创设生活化的数学情境？图画书为教师提供了设计数学活动的新视角，图画书的内容既贴近幼儿生活又富有趣味，选取其中与数学相关的内容，面对幼儿在阅读中出现的诸多疑问，引导幼儿以数学思维为核心来理解故事中的问题，不但解决了幼儿对故事情节所产生的疑问，拉近数学和幼儿生活之间的距离，而且增强了数学活动的情境化，提高了幼儿学数学的兴趣。

但是，利用图画书开展数学活动是一个需要慎重选择、周密分析和精心设计的过程，并不是一加一似地简单叠加或拼凑，它涉及选择怎样的图画书，确定适用于哪个年龄段，如何确定数学内容的重点，以及精心设计活动环节，巧做教学课件等方面。围绕着这些问题，我和青年教师们一起开展了故事情境下数学教学的实践研究，并形成了以下几点感悟。

感悟一：确定图画书中的哪些数学元素适合幼儿的年龄段

选择图画书作为数学活动素材的前提是故事情节有无与数学元素相关的线索。有些图画书的数学线索比较显性，如《超级擂台赛》、《金老爷买钟》、《蜂蜜蛋糕树》、《圆脸和方脸》等；有些则比较隐性，如《连在一起》、《一粒纽扣》、《让谁先吃好呢》、《鼠小弟称重》、《千变万化》等。

这些含有数学元素的图画书中，有的甚至涉及很多与数学知识相关的点，这就需要教师认真反复地思考哪几个点能凸显数学教育的核心价值，以及这些点是否符合幼儿所处年龄段的思维特点。如《超级擂台赛》(可见本书活动9)的数学元素主要体现在山羊公公招聘安保人员所设置的擂台项目中：这些擂台项目有比身高、体重、力气、速度、眼力等，评判的标准中隐含着通过对"×米以上"、"×个以上"、"×斤以上"的把握来思考聘用范围，而这个数学点正是大班幼儿需要学习的新内容；又如，《让谁先吃好呢》(可见本书活动7)中关于高矮、长短、轻重的比较与排序为本次活动的难点，且从顺向排序转向逆向排序，更是适合大班幼儿灵活解决问题的一种思维方式；而《一粒纽扣》(可见本书活动1)则是运用一一对应的方式寻找失主，就比较适合小班幼儿。

感悟二：正确处理图画书中教育性和知识性之间的关系

优秀的图画书一般都远离说教，利用简洁明朗的画面、有趣的故事内容，将富有教育性的寓意隐藏其中。教师选择图画书作为数学活动素材的目的，是为了让幼儿在故事情境中提高学习数学的兴趣，运用数学思维解决自己的疑问，领会图画书中所蕴含的教育价值，并通过自主参与彰显数学的工具功能。因此，教师在利用图画书开展数学活动时，必须正确处理好故事线索和数学内容之间的关系，使学习数学的过程和故事线索所表达的情感体验融为一体。

《金老爷买钟》说的是金老爷在核对家中不同楼层钟面上的时间时，看到钟面所呈现的时间差别，误认为这些座钟都不准确而反复买钟，最后，他看到钟表师傅用挂表核对时间都准确无误，又认为挂表最神奇，最终买下了这块挂表。这一故事隐含着幼儿不易理解的时间特性——流逝性和不可逆转。我们以这本图画书为素材设计数学活动时，制作了相关的教具，通过画面显示和问题讨论让幼儿多次辨认时间，尤其是跟着钟表师傅一次次地核对每楼层上座钟的时间，将“时间的流逝性”这一抽象的内容变得清晰具体，难怪幼儿在活动结束后用自己的方式这样解释：“金老爷家的每一个座钟都没有问题，他犯的错误是没有把走路的时间算进去。”

为了适合幼儿学习数学的特点，我们在选择另一个故事《寻找消失的爸爸》开展数学活动时，引导幼儿帮助书中的主人公寻找线索，参与从不同方位观察物体，根据观察到的图形来推断爸爸可能带走的物品、出发的地点和到达的目的地，使主人公按照这些线索终于找到了消失的爸爸。我们在最后一个环节，又加入了从不同的方位观察球体、圆柱体、正方体、长方体等形体的每一个面，幼儿发现有的形体每一个面是相同的，有的形体则不同，引发了继续探究的兴趣。

感悟三：重视利用图画书设计数学活动的再创造过程

利用图画书设计数学活动是一个再创造的过程，教师必须在保持原著精彩和深度挖掘内涵的同时，按照数学教学活动的要求细细推敲，或调整，或修改，才能使教学活动更为适切和高效，在这个过程中教师要注意以下两个方面：

首先，在保持原著教育内涵的前提下，对作品内容进行调整和删除，使之更贴近数学活动的要求，更大限度地发挥图画书作为教材的教育性。

- 《超级擂台赛》——原著中动物用一根树枝测量身高，我们将这一方法改为运用幼儿平时测量身高的尺子进行测量，并将入选标准定在100厘米以上，更贴近幼儿的生活实际和教学要求。我们还将原著中比赛举重时一块石头的重量改为两块不同重量的石头，幼儿相加后才能进行比较，确定谁是入选者，增加了口算内容。

- 《田鼠太太的项链》（参见本书活动4）——我们根据大班幼儿学习口算加减法的要求，将田鼠太太储存的粮食，以及用粮食换物的品种和数量进行了调整，充分凸显田鼠太太最后几乎一无所有，差点冻死的后果。面对这一后果，幼儿自然地练习了口算加减法，特别是多次得数为“0”的经验让幼儿很自然地想到一切都祸起于那串拾到的项链，从而理解了故事中“不是自己的东西不能占为己有，不能贪得无厌”的寓意。

- 《让谁先吃好呢》——我们将动物的数量从6个改为5个，对排第一的顺序也按难易程度作了适度调整，我们还调整了故事结尾，改为毛毛虫想出了自己排在第一的好主意后，所有的动物都以谦让弱小为由加以认可，而毛毛虫第一个钻进桃子里后，又突然伸出头来说：“朋友们一起来吃吧！”一场看似争夺食物的比赛，转化为共同分享快乐的结局。

其次，巧用现代化信息技术，发挥多媒体课件的优势，将静止的画面改为动态的画面，帮助幼儿理解图画书上看不懂又难以用语言说明的疑问，将抽象思维的过程变得可视化，提高教学的有效性。我们发现，一些图画书正是根据幼儿抽象思维上的“滞后”，利用一些生活中不易发现又瞬间消失的过程制造种种悬念，引发幼儿的疑惑，这些就是我们在教学活动中要着力进行调整的。

- 《鼠小弟称重》（参见本书活动12）——由于原著作者均省略了动物称重后走下磅秤时指针复原的画面，所以大象走上磅秤，出现它的体重看似比小老鼠还轻的画面时，幼儿就想不明白了。为此，我们在设计课件时突出显示动物们上下磅秤时指针的转动，使幼儿对这个不被关注的过程有了更直观的认识，他们的疑问也就迎刃而解了。

- 《蜂蜜蛋糕树》（参见本书活动6）——故事中由于动物们跨出的脚步大小不同，虽然走了相同的几步但距离却不同，无法找到那棵种下的蜂蜜蛋糕树，这也是一个幼儿难以理解的问题，利用多媒体课件就能让幼儿清晰地看到动物们脚步大小的不同，并理解了脚步大小与行走距离之间的关系，从而明白了动物们无法找到蜂蜜蛋糕树的原因所在。

优秀的图画书确实拓宽了幼儿数学教育的选材范围，为教师创设生活化的数学情境、提高数学活动的趣味性提供了另一种可能，但它只是数学活动素材中的极小部分，不能替代幼儿真实的生活情境，教师仍需要更多地关注幼儿的日常生活，让数学知识在幼儿的真实生活中得以迁移应用，解决幼儿真实生活中的问题，让幼儿对数学更感兴趣，学得更主动，用得更灵活。

活动1

一颗纽扣（中班）

大宁国际幼儿园　王小敏

绘本中心思想

绘本《一颗纽扣》的故事描写了一只小老鼠在路边捡到了一颗纽扣，为了寻找失主，逐个地去询问动物朋友，直到最后根据纽扣的特征将其送还给自己妈妈，教育幼儿要向小老鼠学习，主动帮助别人，捡到东西要及时归还失主。

融入的数学元素

颜色、形状、大小、数量等多维度特征的比较和配对。如：一维——"纽扣颜色一样吗"、二维——"纽扣的颜色相同，形状是否一致"、三维——"纽扣的颜色形状相同，大小也要一模一样。"、四维——"纽扣不光颜色、形状、大小要一样，连纽洞的数量都要相同。"

活动的设计

年龄段：中班上学期

活动目标

1. 学说故事中的对话，尝试按纽扣的特征（色、形、大小、洞的数量）进行配对。
2. 乐意帮助别人，知道捡到东西后要归还，并学习寻找失主。

活动准备

PPT、塑封好的衣服、纽扣等

活动过程

一、引起兴趣

1. 一起来看个动画片，名字叫《一颗纽扣》(PPT)。

2. 你们身上有没有纽扣？在哪儿？

3.《一颗纽扣》会是个怎样的故事？一起来看一看。

二、观看PPT，听故事

PPT1/天气真好，一只小老鼠出来散步，走着走着，前面滚来了一颗纽扣。

师：这是一颗怎样的纽扣？谁能连起来说说看？

小结

这是一颗白色的、圆圆的、有四个洞洞的纽扣。

PPT2/他先找到了小狗。他问："小狗你好，我捡到了一颗……纽扣，是你丢的吗？"

师：是小狗的吗？从哪里看出来的？

PPT3/小老鼠又找到了小兔，他问："小兔你好，我捡到了一颗……纽扣，是你丢的吗？"小兔用放大镜仔细瞧了瞧，连忙摇摇手。

师：你们觉得是小兔的吗？猜猜小兔会怎么说。

PPT4/看，这次小老鼠遇到了谁？（向幼儿解释蟋蟀是什么样的动物。）

小老鼠又找到了大象和蟋蟀，问："大象、蟋蟀你们好，我捡到了一颗……纽扣，是你们丢的吗？"

师：你觉得可能是他们丢的吗？为什么？

大象、蟋蟀想了想自己的纽扣都摇了摇头。"这次为什么又不对了呢？"小老鼠想不明白了。

师：大象、蟋蟀会怎么说呢？

PPT5/告别了两位朋友，小老鼠继续往前走，这次他遇到了小刺猬。

师：他会怎么问呢？谁来学学看。

师：如果你是小刺猬，会怎么回答呢？

放大点看看仔细。

PPT6/所有的朋友都问过了，可就是没找到纽扣的主人。小老鼠只好拿着纽扣回家了，妈妈给他做了好吃的点心。小老鼠一抬头，突然发现：咦？妈妈的衣服怎么也少了颗纽扣呀？

师：他是怎么问的？我们一起来学学小老鼠的话。

师：放到哪里？

师：什么地方是一样的？

PPT7/“小宝贝，谢谢你！你真是个爱动脑筋又会帮助别人的好孩子。”妈妈说完还在小老鼠的头上亲了又亲。

三、幼儿操作，一起帮助小动物找纽扣

1. 故事到这里结束了，可故事里的那些小动物还没有找到自己丢失的纽扣，你们愿意帮助他们吗？

2. 集体操作。

草地上有一些纽扣，你们每人也去捡一颗纽扣，看看自己捡到的是什么样子的？和旁边小朋友说一说。然后每人去找一找、问一问，这颗纽扣是谁丢的？帮小动物把纽扣装上去。

3. 验证讲评。

四、延伸

Q：你们都帮助那些小动物找到自己丢失的纽扣，现在老师手里也捡到了一颗纽扣，会是谁的？我们出去找找看。

活动的反思

通过屡次的实践与修改，这个活动显得愈发的成熟和完善。不仅教育了孩子捡到东西要归还失主，同时还培养了孩子多维度观察的细致性。比如：从颜色、形状、大小、细微

特征等方面进行辨别和配对，课堂效果非常好。究其成功的原因，我觉得“有趣”与“有效”两点非常重要。

一、注重活动的趣味性

首先，我在环节设计上更加地忠于原著，注重故事的完整性，以“一颗纽扣”来贯穿活动始终。让小班幼儿在参与听故事、跟随小老鼠送还纽扣的过程中步步深入，一次次去问遇到的朋友“这是你的纽扣吗？”这一情景设计符合幼儿喜欢听和学故事中重复语言的特点，所以他们会很有兴趣地投入活动。当妈妈亲亲小老鼠，夸奖它时，孩子的情感也得到了满足。

在听完故事、孩子意犹未尽时，又设计了满足幼儿仿效小老鼠捡到一颗纽扣去送还失主的情景和活动，将故事做了延续，这既是孩子的需要，又是整个活动设计的有趣之处。最后是在每个孩子把“捡到”的一颗纽扣送还给失主的愉快情绪中结束，整个活动格外地顺畅。

其次，由于故事中有许多次小老鼠与动物朋友的对话，教师通过语气语调的变化，配上相应的神态和动作，根据故事情节有所起伏，让整个故事显得更加生动。

二、体现活动的有效性，突出重难点

绘本融入数学内容除了要体现“有趣”，更要做到“有效”，即作品的教育作用要为孩子接受，融入的数学内容要能“落到孩子身上”。为此，在基本保持故事原著主要情节的前提下，将原来的与动物相匹配的实物纽扣改成不同形状的、洞眼数量不同的纽扣；还将故事中角色进行了删减，保证活动既时间紧凑又能使情节有多次重复。

在这个活动中，幼儿观察纽扣的特征，加以辨别并进行配对是活动的重点，小老鼠每一次询问一个小动物，孩子们就比原先多了一个维度上的认识：“纽扣必须颜色一样”、“纽扣不光颜色要一样，形状也要一样的”、“除了颜色、形状，洞洞的数量也要看仔细”……“要找到相同的纽扣，所有的地方都必须一模一样的”。上述这种分步走的认知方式非常符合幼儿的年龄特点。

在难点设置上：幼儿只能表达纽扣的单独特征，如“这是一颗白色的纽扣”、“这是一颗圆形的纽扣”……而无法将几个维度的特征连贯地进行表述。所以，为了有效地分解难点，每一次教师都借助小老鼠的问话来加以强化。“××，你好，我捡到了一颗白白的、圆圆的、上面有四个洞洞的纽扣，是你丢的吗？”从跟着小老鼠说说，到学一学小老鼠的话，再到自己拿一颗纽扣试着去问问小动物，幼儿说的句子越来越长，几次下来渐渐地能将几个特征都说清楚了。

活动1

附故事内容*

天气真好，一只小老鼠出来散步，走着走着，前面滚来了一颗纽扣。会是谁丢的呢？丢纽扣的人一定很着急吧！小老鼠决定去问问他的朋友们。他先找到了小狗。他问："小狗你好，我捡到了一颗……纽扣，是你丢的吗？"小狗说："谢谢你！我的纽扣是黄色的，你的纽扣是白色的，所以这不是我丢的。"小老鼠又找到了小兔，他问："小兔你好，我捡到了一颗……纽扣，是你丢的吗？"小兔用放大镜仔细瞧了瞧，连忙摇摇手。"谁说不是的？你的纽扣明明是白色的呀！"小老鼠又找到了大象、蟋蟀、小刺猬，可都不是他们的。小老鼠只好拿着纽扣回家了，小老鼠一抬头，突然发现：咦？妈妈的衣服怎么也少了颗纽扣呀？原来纽扣是妈妈的呀！

* 张珍放等.一颗纽扣[M].上海：华东师范大学出版社，2009.

活动 2

寻找消失的爸爸（大班）

彭浦新村幼儿园　柯　静

绘本中心思想

《寻找消失的爸爸》是一本有关平面图形和立体图形的数学绘本，主要引导孩子们将空间和几何概念与日常生活中遇到的事物联系起来。通过绘本让孩子们观察周围各种立体图形物体的上下底面和侧面，试着找出立体图形上的平面图形，并通过平面图形类推出对该立体图形物体的部分认知。在此过程中，孩子们不仅能更准确地理解立体图形与平面图形的关系，还可以加强对我们生存环境的数学理解。

融入的数学元素

1. 基于幼儿的发展要求，选择活动内容

大班幼儿的数学活动发展要求中明确指出：要帮助幼儿寻找、区分、理解平面图形和立体图形的关系。大班下学期的幼儿已经积累了一定的平面图形认知经验，而立体和平面可以说是整体和部分的关系。此外，生活中物体的形状大多近似于平面图形和立体图形。总之，认识平面和立体的关系对幼儿来说很重要。

2. 遵循幼儿的认知规律，设计活动环节

对于这样一个有难度的活动，我们需要思考如何帮助幼儿循序渐进、由易到难地进行寻找、发现。首先我们确定各种立体图形都是由上下底面和侧面组合成的；其次试着找出立体图形上的平面图形；再次通过平面图形类推出对该立体图形物体的部分认知。在此过程中，孩子们不仅尝试理解了立体与平面的关系，还加强了对生活中的数学理解。最后设计了一个具有两个维度的思维能解决的问题——猜测礼物，进一步将面的组合变成立体进行提升。

活动 2

活动的设计

年龄段：大班下学期

活动目标

1. 尝试从物体各方位进行观察，寻找并发现线索，提高观察能力、空间思维力。
2. 初步发现物体平面与立体的关系，体验解决问题的成功感。

活动准备

交互式白板、幼儿操作材料

活动过程

一、求助

1. 求助引出内容

——今天，有一个朋友向我们求助，“求助”是什么意思？你们愿意帮助他吗？

——爸爸到底去干什么了呢？别着急，听说爸爸走的时候留下了一些提示哦，我们一起看看吧！

2. 发现提示

——是什么呀？

——只有收信人，我们翻过来再看看有没有更多的信息。

——看得懂吗？都表示什么意思啊？

——这三个信封中先看哪一封容易帮我们找到爸爸呢？

小结

有了正确的寻找顺序，我们赶紧出发吧！

二、寻找

1. 发现拿走的东西

（1）理解信息

——你看到什么？拿走的是图形吗？

——还看到了什么？

——“从下面看到的样子”，这句话是什么意思？怎么看？看到的会是哪里？

小结

原来拿走的东西有两样，从下面往上看到的样子，有一件东西是长方形的，有一件东西是圆形的。

（2）发现线索

——拿走的东西会是什么呢？我们到家里去找找线索吧！

——爸爸已经走了，东西也被拿走了，仔细看看有没有什么线索帮助我们发现拿走的东西呢？

——的确，就是红色的长方体的钓鱼包，还有一个绿色圆柱体的钓鱼竿，因为从下往上看到的底部分别是长方形和圆形。

小结

现在发现了，只要看明白爸爸给的提示，注意观察的方向，就能发现答案。爸爸真不愧是数学家呀！

2. 寻找出发地

——知道了爸爸拿走的东西，你们猜爸爸会去干什么？接下来我们该干什么了？

（1）理解信息

——这是什么地方？

——圆形、三角形、正方形在这里表示什么？

——从上往下看是什么意思？看到的又是什么地方？

——箭头表示什么意思呢？

（2）交流讨论，寻找答案

——爸爸提示中的地方是在十字路口的哪一边？

小结

爸爸出发的地方是在一条十字路口的左上方，三幢房子中箭头指向的那一幢。

3. 寻找到达地

——爸爸拿着鱼竿和钓鱼包去迪迪小镇干什么呢？

——该看什么了？

（1）幼儿分组操作

——正面看上去是什么意思？

——现在把第三个信封交给你们，请你们帮娜娜完成这个任务好吗？

（2）集体进行梳理、小结

——到底符合要求的是十字路口的哪一块？

——答案越来越接近了，到底爸爸在不在里面呢？

——终于找到了，哪个建筑物才是爸爸去的地方呢？为什么？

——瞧，爸爸正在朝我挥手呢！爸爸一大早没有把我叫醒，是相信我自己一定可以找到，我是爸爸的最佳助手！你们也是爸爸的最佳助手！

小结

今天我们帮娜娜找到了消失的爸爸，我们一起来回忆一下吧：我们根据爸爸留下的三封信发现了寻找的正确顺序，从爸爸画的平面图形找到了爸爸拿走的东西、出发和到达的高楼。真是太厉害了！

三、成功

——娜娜还有一个礼物送给我们，她也用上了爸爸的方法，一起来看看吧！

——用手画画看，想想看，会是什么呢？

活动的反思

1. 选择的内容与幼儿的生活贴近

绘本的内容虽然不是从孩子现实生活中取材的，但是其中的内容是孩子生活中会遇到的问题。“爸爸消失了，本来和爸爸约好要一起出去的，可是一早醒来爸爸不见了，不知道去哪里了？”从孩子的心理来说，遇到这样的问题他一定要去寻找，要找到爸爸是他要去解决的问题。其中利用线索“三封信”来寻找消失的爸爸，对孩子来说是解决生活中这些问题的能力锻炼，鼓励孩子用数学思维的方法解决他生活中的问题，提高他思维的品质。对孩子在心理上学习数学的条件客观上起到了一定的积极作用，孩子不惧怕数学，更愿投入到数学活动中。

2. 选材新颖，大胆尝试，发挥绘本的最大价值

二期课改以来我们在数学的选材上来自三方面：第一就是主题教材中的素材点；第二就是儿童读物；第三就是生活中孩子遇到的一些问题。本次活动的选材就是第二种，即选用含有数学元素的文学绘本，帮助幼儿从平面走向对立体的认识。本次活动有双重教育功效，主要体现在：在数学发展上幼儿对平面和立体的关系有了一些了解，用数学思维来解决问题的能力得到了发展；在文学作品上幼儿感受到的是父子之间的一种情感——爸爸虽然消失了，但是给我留下了许多线索，我通过自己动脑筋找到了爸爸，得到了锻炼，这也是爸爸爱我的一种方式。

附故事内容*

娜娜早上起来一看，爸爸不见了，消失了，到哪里去了呢？爸爸留下了三封信，里面有爸爸去的地方的线索，让我来看一看，找一找吧。第一封信：从下面往上看到的样子，有一件东西是长方形的，有一件东西是圆形的。第二封信：有圆形、三角形、正方形……终于从爸爸画的平面图形找到了爸爸拿走的东西、出发和到达的高楼，找到了爸爸，真是太厉害了！

* ［韩］张善慧著，夏艳译．寻找消失的爸爸[M]．长春：长春出版社，2009.

活动3

小熊一家和吵吵闹闹的怪物(中班)

绿叶幼儿园　沈　英

绘本中心思想

《小熊一家和吵吵闹闹的怪物们》是一个有趣的故事，绘本形象生动可爱，色彩鲜明。故事讲述了小熊一家迷路了，它们误入了怪物的城堡，里面什么人也没有，只有一桌子好吃的食物。小熊一家乐坏了，吃啊吃！就在这时怪物们回来了，提出谜题来挑衅——猜猜谁是这座城堡的主人。小熊不慌也不忙，想办法分类再分类，终于找出了城堡的主人，化险为夷，并和怪物们共同度过了美好的一天。在充满趣味的故事情节中，作者要让我们明白，遇到困难不用害怕，有时可以用学到的数学知识来帮我们解决，在这个问题解决的过程中进一步让幼儿体会到数学的有趣、有用。

融入的数学元素

数学的魅力，不仅仅在于它的精确计算，更在于它是一种思维方式。绘本中巧妙地隐含了层级分类、观察、比较等数学内容。这个绘本中幼儿要仔细观察怪物的特征，如长相不同(有的怪物头上有角、有的长胡子)、穿着不同(有的怪物衣服上有花纹、有的怪物穿鞋子)、动作不同(有的怪物双手抱着、有的双手打开)，并根据他们的不同特征进行层级分类，最终找出城堡的主人。但在层级分类中由于每个人的思考点不同，幼儿之间没有办法相互模仿，他们所能运用的只是自己以往的分类经验，他们必须通过独立思考去寻找物体的第二个特征，继续往下分类，所以对教师和幼儿来说层级分类都是具有挑战的。

活动的设计

年龄段：中班下学期

活动目标

1. 寻找物体的特征，运用已有的分类经验，用提问的方法解决故事中产生的问题，有多角度思维的能力。

2. 有参与寻找特征并进行提问活动的兴趣。

活动准备

绘本《小熊的一家和吵吵闹闹的怪物们》、PPT、10个怪物、礼物

活动过程

一、小熊一家和怪物（认识故事主人公，猜测可能发生的事情，引起阅读绘本的兴趣）

提问：看看画面上有谁？你觉得他们之间会发生什么事情呢？

小结

小熊一家在弯弯曲曲的小路上走着，但是走啊走，怎么也找不到人家，小熊一家迷路了！

二、猜猜城堡的主人（观察怪物特征，运用已有的分类经验，用提问的方法寻找城堡的主人）

1. 来到怪物家

师：小熊一家走着走着，突然眼前出现一个大大的城堡，让我们一起跟随小熊一家走进城堡，看看里面都有些什么？

小结

又渴又饿的小熊一家看到这么多好吃的东西，忍不住大吃起来。

2. 怪物们的不同

师：就在大家吃得欢时，发生了什么事？（一群怪物走了进来）一共有几个怪物？这些怪物有什么不同？

小结

就在这时有一群怪物"哐哐哐"地走了进来。一共来了十只怪物。他们长相不同（头上有角、长胡子）、穿着不同（衣服的花纹、鞋子）、动作不同（有的双手抱着、有的双手打开）……

3. 猜猜城堡的主人

师：怪物们看到小熊一家闯入城堡气急了，要把他们绑起来，最终他们想了一个办法，让小熊一家猜猜城堡的主人，而且用提问的方法来猜。你可以问任何问题，怪物们回答"是"或者"不是"，猜对了就放走小熊一家。

小结

勇敢的熊弟弟和我们都非常聪明。你们用提问的方法问了几个问题就机智地猜出城堡的主人。原来城堡的主人是头上有角、没有胡须、没有牙齿、穿着红色绣花鞋的怪物，通过你们和熊弟弟的共同努力终于救出了小熊一家。

三、怪物的礼物（观察礼物的特征，运用已有的分类经验，进一步用提问的方法寻找生日礼物）

1. 过生日

提问：正当小熊一家得意地想走出城门的时候，又发生了什么事？

小结

呵呵，虚惊一场，原来今天是城堡主人的生日，他邀请小熊一家留下来和他一起过生日。

2. 猜礼物

师：城堡的主人还为大家准备了礼物，不过这么多盒子里只有一个盒子装着礼物，到底是哪一个呢？请大家也用提问的方法来猜一猜吧，仔细看看这些盒子有什么不一样！

小结

最后，小熊一家和怪物们成了好朋友，我们一起为城堡的主人过生日吧！

活动的反思

1. 活动前要了解幼儿应具备的前期经验

中班幼儿已经积累了一些分类经验，他们能按照物体的颜色、大小等进行分类，也能尝试按物体的一个特征进行肯定与否定标准的分类。因此本次活动需要幼儿具备的前期经验更多的是提问的方法，所以之前我们可以做一些猜谜的游戏，帮助幼儿积累提问的经验。

2. 活动难点的突破策略要有效

活动中对幼儿来说，最大的挑战就是寻找物体的特征，用提问的方法解决故事中产生的问题，而且怪物的回答只能是“是”或者“不是”。刚开始提问的时候孩子的问题都不能让怪物回答“是”与“不是”，比如他们问：“城堡的主人是有牙齿的怪物还是没有牙齿的怪物？”这时候我们问孩子这个问题能回答“是”或者“不是”吗？接着鼓励孩子一同分析问题，应该怎么问，才能使怪物回答“是”或者“不是”，从而帮助孩子理解正确的提问方法。

3. 材料的调整源于幼儿的经验

最初，利用图书的原文开展活动，发现里面有20个怪物，孩子们花了很长的时间去观察，而且由于材料太多，孩子们不是漏了这个怪物就是漏了那个怪物。看来20个怪物对中班的幼儿来说难度较大。于是我在原文的基础上进行了修改，将原本20个怪物调整成10个怪物，降低了学习内容要求，使得活动内容对中班的幼儿更适宜。

4. 活动的设计促进幼儿思维发展

这样的活动对于幼儿的思维发展来说是非常有利的，培养幼儿的逻辑思维是较为困难的一件事，而分类本身就是逻辑思维。以前的分类方法都是寻找一个特征进行一次分类，没有连续地往下分。从整个活动过程来看，因为每个孩子对于材料的敏感点是不同的（有的先观察到的是怪物的长相，而有的先观察到的是怪物的穿着），当第一层分类有所不同的时候，接下去的层层分类也会不同，如有的幼儿第一级按照“牙齿”来分类，有的是按衣服的颜色来分类，接下去又出现了不同的分类层级，因此对教师和幼儿来说都存在一定的挑战。

5.“猜礼物”环节的设计与思考

最后环节“猜礼物”的设计源于两个原因：一是在绘本的最后配有相关知识点的小游戏，猜礼物就是其中的一个，帮助幼儿进一步巩固分类的经验。二是数学教育生活化。“礼物盒”是最简单、最生活化的材料，与幼儿生活非常接近，孩子们在生活中经常见到的。通过活动，让数学工具的作用在我们孩子的生活中能够得到体验。

附故事内容*

小熊一家在弯弯曲曲的小路上走着，但是走啊走啊怎么也看不到人家，小熊一家迷路了。熊爸爸说：“不要担心，马上就能看见人家了。”突然，眼前出现了一个大大的城堡。富丽堂皇的城堡里什么人也没有，但有一桌丰盛的食物。小熊一家一起说：“看起来好好吃哦，好像是特意为我们准备的。”大家都饿了，就开始大吃了起来。

就在这时，有一只怪物哐哐哐地走了进来。哦，是2只，3只，4只，5只……加起来是20只。一只怪物说：“呀，是你们动了我们的食物吗？”一只怪物说：“把我们的派对都搞砸了！”一只怪物说：“赶紧把他们绑起来扔出去。”一只怪物说：“不对，先让他们尝尝木棒的厉害。”就在这时，一个矮个子怪物眨着眼睛走到了前面。他说：“我们还是玩猜谜游戏吧。猜猜这城堡的主人是谁，只有5次机会，怎么样啊？万一猜不出来还能惩罚他们。”怪物们拍手叫好，一只怪物说：“好啊好啊，那先问谁呢？”怪物们扫了一眼小熊一家人，熊爸

* ［韩］车宝金著，安莹译．小熊一家和吵吵闹闹的怪物（复合分类）．长春：长春出版社，2009.

爸突然打了一个喷嚏！ 熊妈妈紧紧地抱住熊妹妹，熊哥哥挠了挠屁股，都在装相。

这时，熊弟弟满怀信心地站出来。熊弟弟说："让我来猜吧。"熊弟弟问了第一个问题，熊弟弟说："这个城堡的主人是不是头上有角啊？"一只怪物说："对，是有角！"熊弟弟把怪物们分成两组，有角的怪物一共有13只。熊弟弟问了第二个问题："这个城堡主人的脸上有胡子吗？"一只怪物说："不，没有胡子。"熊弟弟重新把怪物们分成了两组，头上有角但是没有胡子的怪物有9只。熊弟弟又问了第三个问题，熊弟弟说："这个城堡主人的身体是花花绿绿的，还是一种颜色的？"一只怪物说："是花花绿绿的！"吵吵闹闹的怪物们又哈哈大笑起来。熊弟弟再一次把怪物们分成了两组，头上有角，没有胡子，身体花花绿绿的怪物一共有5只。熊弟弟问了第四个问题："这个城堡的主人光着脚呢，还是穿着鞋呢？"一只怪物说："穿着红色绣花鞋！"熊弟弟重新把怪物们分成了两组，头上有角，没有胡子，身体花花绿绿，穿着红色绣花鞋的怪物有两只。但是剩下的两只怪物长得太像了，都是头上有角，没有胡子，身体花花绿绿，穿着红色绣花鞋，谁是这个城堡真正的主人呢？熊弟弟眼前一亮，似乎明白了什么，问了最后一个问题，熊弟弟说："这个城堡的主人是掉光了牙齿的还是有尖尖的牙齿？"两只怪物对视了一会儿，然后那只掉光了牙齿的怪物捂着嘴说："那……那个不能告诉你。"熊弟弟信心满满地说："头上有角，没有胡子，身体花花绿绿，穿着红色绣花鞋，掉光了牙齿的你就是这个城堡的主人吧？"怪物吓了一跳，"啊，你是怎么猜到我是城堡主人的呢？"熊弟弟说："因为你刚才说话的时候把嘴捂住了呀！"

小熊一家得意洋洋地走出城门的时候，怪物喊道："别走！别想这样就走了！"刚才那只怪物说："和我们一起玩吧，今天是我生日。"其他的怪物都赞成了头上有角，没有胡子，身体花花绿绿，穿着红色绣花鞋，掉光了牙齿的怪物的提议，一起说："好啊好啊，好的好的。"就这样怪物和小熊一家度过了热热闹闹的一天。

活动4

田鼠太太的项链（大班）

奥林幼儿园　沈文茜

绘本中心思想

故事讲述了田鼠太太在冬天来临之前，辛勤地储存了足以过冬的粮食，然而在捡到一条项链之后，她的命运就发生了翻天覆地的变化。田鼠太太为了项链用粮食换来了新衣服、新裤子、新鞋子；就在这时，冬天到了，田鼠太太只能戴着高贵的项链，穿着漂亮的衣服，饥肠辘辘地在雪地中寻找食物……听完这个故事不知是否为你带来心灵上的震撼呢？这个故事它的核心价值在于告诉幼儿不能拿不属于自己的东西。

融入的数学元素

如何从文学作品蕴含的价值中解读出数学元素，并创造性地运用于数学教育中呢？在阅读理解优秀文学作品的同时，我发现了大量的数学元素，如数数、分类、加法、减法、0的意义等内容。能否借助于数学活动形式，帮助孩子学习运用数学知识，理解文学作品中蕴涵的意义呢？

活动一：加法活动，重点落在能按一些特征寻找出相匹配的加法算式题。感受田鼠太太储存粮食的艰辛，粮食的来之不易。

活动二：减法活动，重点落在物物交换，粮食逐步减少，最后归零。孩子有了一定的分类概念，对0的意义有进一步的理解。

活动的设计

年龄段：大班上学期

活动名称

田鼠太太的项链（一）（加法活动）

活动目标

1. 通过故事情节能按物体的一些特征寻找出相匹配的算式题，进一步理解加法算式的意义。

2. 了解储存粮食是动物过冬的一种方法。

活动准备

背景图一张

活动过程

一、区别特征、寻找相应的算式题

今天为小朋友介绍一位朋友，她就是田鼠太太。

1. 田鼠太太问："小朋友，你们能帮助我在盘子里找出可以用来表示我储存的每种粮食的算式题吗？"

2. 幼儿寻找算式题，并与同伴说说题目里的数字分别表示什么意思。

1+5=6、5+1=6、2+4=6、4+2=6、3+3=6

二、尝试理解算式题中符号的意义

田鼠太太找到6瓶花生仁，本来她很开心，可是过了几天她却皱起了眉头，犯起了愁。

活动 4

她在想冬天那么长，过了这个月，还有下个月，还有下下个月……家里还有个小宝宝呢，怎么办呀，这些粮食够吗？你们觉得6瓶花生仁够他们过完整个冬天吗？对，不够，田鼠太太也是这样觉得的，她要准备更多的粮食。于是她又去地里找粮食了。田鼠太太找呀找呀，在找粮食的时候弄脏了衣服、挂破了裤子，虽然这样，但田鼠太太还是觉得很开心，因为她找回了几个玉米（苞谷），她把这几个玉米也放进了柜子。田鼠太太想现在一共找到了几个玉米呢？（提示：7）

1. 田鼠太太问："小朋友，你们能帮助我在盘子里找出可以用来表示的算式题吗？"

2. 幼儿寻找算式题，并与同伴说说题目里的数字分别表示什么意思。

1+6=7、6+1=7、2+5=7、5+2=7、3+4=7、4+3=7

3. 田鼠太太问："在你们找到的算式题里除了数字还有两个符号："+"、"="。它们分别表示什么意思呢？"

4. 幼儿说说"+"、"="的含义。

三、感受一个答案，多个解决的方法

虽然田鼠太太找到了一些粮食。可是她觉得光有花生仁与苞谷还不够，这些粮食的品种太少了，光吃这些肯定会营养不良的，还得再去找更丰富的粮食。于是田鼠太太又出门去找粮食了，这一次她把鞋也走破了，脚上还磨出了许多泡，疼得田鼠太太直掉眼泪，可是她还在继续寻找粮食，最后她终于找到了几袋谷子。她把这几袋谷子也放进了柜子，田鼠太太想现在一共找到了几袋谷子呢？

1. 田鼠太太问："小朋友，你们能帮助我在盘子里找出可以用来表示的算式题吗？"

2. 幼儿寻找算式题，并与同伴说说题目里的数字分别表示什么意思。

1+7=8、7+1=8、2+6=8、6+2=8、3+5=8、5+3=8、4+4=8

3. 田鼠太太问："8袋谷子，你们用了几道算式题来表示？"

4. 你们真棒，8袋谷子你们找出了7种不同的算式题来表示。

现在田鼠太太已经准备好了过冬的粮食。趁天气还没有冷，她在树林里散步。突然，她拾到了一串项链，田鼠太太快活得马上把项链挂在了脖子上……后来又发生了什么事呢？

活动名称

田鼠太太的项链（二）（减法活动）

活动目标

1. 初步理解物物交换，物品会逐渐减少，并最后归零等数学现象。

2. 了解故事情节，懂得不是自己的东西不能要。

活动准备

故事大书一本；谷子、玉米、花生仁的实物及图片；数字卡；算式题幼儿人手一份

活动过程

一、听故事引起兴趣

提问：

1. 田鼠太太找到了哪些过冬的粮食？分别有多少？（幼儿在数字卡里找到数字，复习数物对应。）

2. 田鼠太太为什么很早就要准备好过冬的粮食？

二、听故事理解归零

- 田鼠太太快活得马上把项链挂在了脖子上。田鼠太太在大街上遇见了花母鸡，花母鸡看了项链对她说："可惜你的衣服太旧了，配不上这串高贵的项链。"于是，田鼠太太急急忙忙回家，拿出准备过冬的谷子，用谷子换来了一件崭新的时装穿在身上，项链立刻显得高贵了。

1. 田鼠太太准备过冬用的8袋谷子没有了，我们能不能用一道减法算式题给她一个提醒呢？（8−8=0）

2. 你想对田鼠太太说什么？

- 田鼠太太在大街上遇见了兔子，兔子对着田鼠太太说："哎呀呀！你的裤腿上裂了一个口子，跟这串高贵的项链和美丽的时装一点也不配。"田鼠太太马上回家，拿出准备过冬的苞谷，换到了一条漂亮的裤子。

1. 田鼠太太准备过冬的玉米还有吗？

2. 她该不该这样做？我们能不能再送她一道减法算式题？（7−7=0）

● “嘻嘻，瞧她，鞋头破了一个洞，脚趾都露出来了。” 刺猬对小乌龟说。 田鼠太太听见了，立即回家拿出了准备过冬吃的花生仁，换来了一双新鞋，穿在脚上。

1. 田鼠太太能不能用花生仁去换新鞋？

2. 我们再送她一道减法算式题吧。(6-6=0)

● 田鼠太太准备过冬用的谷子、玉米、花生仁都没了，你能用一道减法算式题告诉她吗？(3-3=0)

三、听故事引发思考

秋天过去了，冬天来到了。北风呼呼地吹着，天空中飘着大雪，天冷极了。田鼠太太只好戴着高贵的项链，穿着新衣和新鞋，在雪地里寻找吃的东西。

1. 北风呼呼地吹着，天空中飘着大雪，还能找到粮食吗？

2. 田鼠太太十分地后悔，她后悔什么事情呢，为什么？

活动的反思

在主题活动“寒冷的冬天”中，大多数幼儿都会对“动物如何过冬”这个问题感兴趣。教师比较常见的做法是为幼儿提供一些相关的图书、图片或多媒体资料，让幼儿通过自主学习找寻问题的答案。

以上两个活动都有各自的重点，能很好地融入数学教育的内容，很适合大班孩子的学习需求。但两个活动中都存在一定的问题，前者割裂了故事的整体性。在讨论“拾到了项链，该不该拿？”的问题时，有孩子说“我拾到就是我的”；有孩子说“我先带回家戴戴，然后再还给别人”；有孩子说“拿到项链后，放在家里等过了冬天再拿出来戴”。从孩子的言辞中我们发现《田鼠太太的项链》这个故事要告诉人们的道理——不拿不属于自己的东西，孩子并没有理解。文学作品内在的价值也没有体现。经过研讨调整活动设计，使文学作品中的道德启迪和思想教育融入其中。

针对以上两个活动，我们以孩子的情感体验为基础，以数学元素为依据，以文学作品的内在价值为核心，对活动进行了再调整。我们主要从以下几方面进行调整：

内容调整——强调减法，突出“0”的实际意义，以此作为孩子理解作品的催化剂，凸显文学作品《田鼠太太的项链》的内涵。

教学形式——我们将故事情景融入数学活动的始终。让孩子边听故事边寻找算式题。教师运用情景性的语言进行提问，如："我们能不能用一道减法算式题给田鼠太太提个醒粮食要没有了？""谷子要没有了我们能不能用一道减法算式题来告诉田鼠太太呢？""能不能用一道减法算式题告诉田鼠太太什么都没有了呢？"在这样的情景中老师和孩子的情感体验始终系在田鼠太太的心理变化上。

情感体验——当粮食慢慢地变多，孩子与田鼠太太一起体验着收获粮食的满足，他们的开心与安心显露无遗；当漂亮而高贵的项链出现在孩子的眼前时，孩子是十分的惊讶与欣喜的；当家中储存的粮食慢慢减少时孩子又变得担心、害怕了。从开心安心——惊讶欣喜——担心害怕，伴随着这样的情感体验，孩子悟出了不拿不属于自己的东西。

以上是在进行《田鼠太太的项链》这个活动中的一些体会，希望与大家一起分享，文学作品与数学活动的有机融合关键在于教师准确解读文学作品中的教育价值、准确判断孩子已有的数经验，确定适度的挑战目标，并体现该文学作品独有的价值。

附故事内容*

秋天到来的时候，田鼠太太就已经开始准备过冬的粮食了。

田鼠太太每天一大早就来到田地里找粮食，找啊找啊，一直找到天黑才回家。衣服弄脏了，裤子被树枝钩出了洞，连鞋子都走破了。可田鼠太太心里还是很高兴，因为她找到了很多粮食。

秋天快过去的时候，田鼠太太已经准备好了过冬的粮食，有谷子、有苞米，还有花生仁。她想：这些粮食足够我和孩子们过冬啦！

一天，趁天气还不是特别冷，田鼠太太在树林里散步，突然，她看到了一串项链："哇，多么高贵的项链啊！"田鼠太太快活得马上把项链挂在了脖子上。田鼠太太在大街上遇见了花母鸡，花母鸡看了项链对她说："可惜你的衣服太旧了，配不上这串高贵的项链。"

---

* 方轶群文，沈苑苑图．田鼠太太的项链[M].上海：华东师范大学出版社，2010.

活动4

于是，田鼠太太急急忙忙回家，拿出准备过冬的谷子，用谷子换来了一件崭新的时装穿在身上，项链立刻显得高贵了。

田鼠太太在大街上遇见了兔子，兔子对着田鼠太太说："哎呀呀！你的裤腿上裂了一个口子，跟这串高贵的项链和美丽的时装一点也不配。"田鼠太太马上回家，拿出准备过冬的苞米，换到了一条漂亮的裤子。田鼠太太走到大街上，头抬得高高的，好让大家能看到她脖子上的项链。

"嘻嘻，瞧她，鞋头破了一个洞，脚趾都露出来了。"刺猬对小乌龟说。田鼠太太听见了，立即回家拿出了准备过冬吃的花生仁，换来了一双新鞋，穿在脚上。现在，田鼠太太是多么的美丽和高贵啊！

秋天过去了，冬天来到了。北风呼呼地吹着，天空中飘着大雪，天冷极了。田鼠太太饿得"咕咕、咕咕"直叫，她的孩子们也哭着直叫："妈妈，肚子饿、肚子饿……"田鼠太太说："别哭别哭，妈妈去找吃的。"没办法了，田鼠太太只好戴着高贵的项链，穿着新衣和新鞋，在雪地里寻找吃的东西。

可是，什么东西都找不到。最后，田鼠太太又饿又累，晕倒在雪地里。

青蛙一家（中班）

东余杭路幼儿园　段旖旎

绘本中心思想

该故事是一个很有趣的童话，讲述的是青蛙一家有五口人，他们长得都很像，但各有各的特点。通过这个绘本的阅读和理解，能让孩子们较好地辨识小青蛙一家五口人的不同特征；青蛙一家人出门购买的不同种类的东西；以及每个家族成员购买东西的数量的不相同；培养孩子细心观察的能力以及做事情有条理，并愿意帮助别人的品质。

融入的数学元素

从认知角度，一是可以让孩子们了解青蛙一家每个成员的不同特征，引导孩子学会观察比较的方法；二是让孩子们将青蛙一家每个成员购买的物品和数量互相匹配对应，在帮助青蛙一家请客为朋友准备食物的情景中融入5以内的数数，数量匹配以及数的形成的学习。

活动的设计

年龄段：中班上学期

活动目标

1. 借助故事情节，帮助幼儿感知、理解5以内数的形成。

2. 喜欢听故事，在帮助小鸭子和小青蛙的过程中，体验帮助别人的快乐。

活动准备

经验准备：增强对家人的区分辨别能力；了解和分析幼儿对数形成的认知水平。

环境准备：PPT、幼儿人手一份操作材料（操作底板、青蛙一家各个人物的头像、每个人物购买的食物、1—5数字）

活动过程

一、看看全家福——辨认青蛙一家人

1. 今天我带来了一张照片，他们是青蛙的一家。

重点提问：照片上有几只青蛙？他们长得一样吗？哪里不一样？辨认5个不同的角色。

青蛙爷爷，头戴小帽、手拿烟斗、胡子翘翘；

青蛙奶奶，皱纹多多、头发白白、拄着拐杖；

青蛙爸爸，戴着领结、架付眼睛、爱看书报；

青蛙妈妈，头戴花巾、喜欢打扮、最爱漂亮；

青蛙宝宝，穿个围兜、梳起小辫、戴上小花。

2. 现在让我们一起来听听《青蛙一家》的故事吧！

二、听听故事——解决故事中小鸭的疑问

（一）了解青蛙一家购买东西的顺序和物品

1. 讲述故事：啊呀，青蛙一家有这么多人来买东西，小鸭子忙得记不清了。

重点提问：想请我们小朋友帮忙想想，青蛙一家人是谁先来买，谁后来买？

2. 青蛙一家在小鸭店里买了很多东西，小鸭实在记不住了。

重点提问：他们都买了些什么？买了多少呢？让我们再来听一遍故事吧。（教师再次播放PPT）

3. 你们记住了吗？青蛙一家在小鸭店里买了些什么？买了多少？请你们排一排。要边排边告诉小鸭。（鼓励幼儿边排边表达）

（二）解决青蛙一家请客的问题（学习5以内数的形成）

1. 小鸭觉得很奇怪，问："你们一家买这么多东西，吃得完吗？"青蛙宝宝说："今天我们家请客，买的东西是请客人吃的。"

——爷爷请来1只小鸡，请它吃1条毛毛虫，毛毛虫是小鸡最喜欢吃的；奶奶请来2只熊，请它们吃什么呢？

重点提问：为什么请它们吃蜂蜜？吃多少？够吃吗？不够怎么办？幼儿介绍方法。（追问：再买几罐？）

小结

1罐蜂蜜再买1罐蜂蜜就是2罐蜂蜜，再买就是"添上"。追问，什么叫"添上"？原来1罐蜂蜜添上1罐蜂蜜就是2罐蜂蜜，1添上1就是2。

2. 看看你们的计算板上：原来有几罐蜂蜜？够吗？要添上几罐？

——三只乌龟是爸爸请来的客人，请它们吃什么呢？

重点提问：青蛙爸爸买了几只虾？客人有几位？够吃吗？不够怎么办？

小结

2只虾再买1只虾就是3只虾，再买就是"添上"。追问，什么叫"添上"？原来2只虾添上1只虾就是3只虾，2添上1就是3。

3. 看看你们的计算板上：原来有几只虾？够吗？要添上几只？

——妈妈和青蛙宝宝也请来了客人，它们请来了谁（同时出示）？妈妈请来几位客人？青蛙宝宝请来几位客人？请他们吃什么？

重点提问：妈妈和小青蛙买的食物够不够？请你们来帮忙！

——操作后，幼儿介绍解决方法。（你是怎么帮忙的？）引导幼儿说：3添上1就是4，4添上1就是5。

三、操作讲述——知晓故事结尾

原来，青蛙一家不仅是相亲相爱的一家，也是好客的一家。

小结

你们看，在你们的帮助之下他们吃得多开心啊！小鸭子和青蛙都要谢谢我们小朋友，帮助它们解决了问题。

活动的反思

1. 选择适当的价值点，激发孩子学习兴趣

整个活动环节较紧凑，每个环节教师所指向的活动目标比较清晰。在各个环节中都有适合孩子学习掌握的价值点：从辨别区分家人——了解家人购买的食物种类数量——知道动物自己喜欢吃的食物——通过操作理解5以内数的形成——体会帮助青蛙一家的快乐。教师的关键问题有针对性，孩子摆放物品和验证环节中，每做一步就请孩子们修改自己的错误，促使孩子不断思考，不断发现。

2. 呈现关键画面，鼓励孩子在操作中学习

整个绘本故事，原来的故事情节并非如此，故事情节和线索比较单一，没有推进和连续性。如，青蛙爷爷去田野里散步，顺便买了一个毛毛虫面包吃；青蛙爸爸去上班，买了两个汉堡边走边吃；这些原来的故事情节给了我较大的启示，家族成员的不同特征，购买物品数量的多少，家族成员和买的物品之间的联系等等。确定好绘本的中心价值之后，我适当将情节进行了删减、整合和添加（呈现了后面的故事内容）。

教师在呈现PPT的时候注重画面的选择，不是所有的画面都让孩子进行观察，而是有针对性地挑选出几幅。如：辨认家人的特征，每位家人购买的食物和数量等。之后孩子们在自己的操作中主动帮助青蛙一家，为缺少的食物用添上的办法补足食物。活动中教师指导调控得当，使活动具有很强的有效性，促进了孩子们对数的形成的认识，推动孩子们思维的发展。

3. 巧妙融合故事情节，尊重孩子的学习特点

教师在对绘本进行筛选和修改的时候，能够抓住重点数学元素“组成”，并将这一比较枯燥和机械的内容与故事有趣的、合理的情节巧妙地相结合。活动中故事部分和数学操作两个部分有效地、和谐地整合在一起，使过程更具可看性和实际操作性。孩子们的学习特点也在帮助小动物购买缺少的物品时得到显现和激发。他们通过帮助青蛙一家购买物品的同时，在主动操作中体验和感知“1添上1就是2”，“2添上1就是3”。……孩子们完全沉浸在帮助的故事情节中，他们主动探究，数学经验一点一点积累，从而完成活动目标。

附故事内容*

青蛙一家有五口，他们非常快乐地住在一起。

一天早上，青蛙爷爷出门去散步，他在小鸭店里买了一条毛毛虫，送给小鸡。

青蛙奶奶要到花园里去，看看她前几天种的小花开花了没有，她在小鸭店里买了两桶花蜜，送给勤劳的小蜜蜂。

青蛙爸爸出门去上班，他在小鸭店里买了三只小虾，送给他的乌龟兄弟。

青蛙妈妈要到河边去看她的小蝌蚪宝宝，她在小鸭店里买了四根水草，去喂她的小宝宝。

小青蛙要上幼儿园去，他在小鸭店里买了五只小飞虫，送给他的好朋友。

小鸭子用奇怪的眼神看着小青蛙说：“小青蛙，今天一早你已经买了好多东西了，一条毛毛虫、两桶花蜜、三只虾、四根水草、五只小飞虫。”小青蛙摸了摸脑袋说：“没有啊，我什么时候买过这么多东西呀？”小鸭子说：“那我就搞糊涂了。”

小朋友，你们来告诉小鸭子这到底是怎么一回事，好吗？

---

* 米吉卡文，孙哲等图．青蛙一家（培养数学思维能力）[M]．四川少儿出版社，2009.

活动6

蜂蜜蛋糕树（中班）

浦南幼儿园　沈　丽

绘本中心思想

“熊猫欢欢从家往外面走了五步的距离，埋下一坛蜂蜜。老鼠比斯吉看见了，就找了河马阿力一起去偷蜂蜜。可是，他们怎么找都找不到那坛蜂蜜……”为了更适宜地传递给孩子正能量的情感指引，将原本小老鼠和河马“偷蜂蜜”调整为“为了早些吃到蜂蜜蛋糕，小老鼠和河马悄悄地帮助熊猫欢欢浇水施肥，可是同样走了5步，怎么也找不到蜂蜜罐”的故事情节，结合绘本中可爱的动物形象、柔和的色彩，使得故事更温馨感人，体现朋友间分享的美好情感。

融入的数学元素

“同样走5步，为什么找不到蜂蜜罐呢？”这个问题情境蕴含了“等量不等长”的数学元素，渗透着“自然测量”的概念。对于大班幼儿来说测量是认识量的手段，学习自然测量，可以加深幼儿对各种物体量的认识；有助于后期对不同量的测量工具的初步认识，培养幼儿对测量活动的探究和兴趣。符合幼儿的认知需求，并与生活紧密相关。

活动的设计

年龄段：中班下学期（大班上学期）

活动目标

1. 在故事情境中,尝试发现等量不等长的现象,积累有关距离比较的测量经验。

2. 大胆表述自己的体验和想法,感受自然测量的乐趣。

活动准备

多媒体课件、小老鼠、熊猫、大河马头饰、脚印等。

活动过程

一、故事引入,引发兴趣

——今天老师给你们带来了一个既好听又好玩的故事,故事的名字是《蜂蜜蛋糕树》。欢欢想起家中有一坛蜂蜜,心想:要是我埋下这坛蜂蜜,洒上面粉和糖,然后长出一棵蜂蜜蛋糕树那就好了,因为我的朋友们最爱吃蜂蜜蛋糕。

二、理解走"5步"路的由来

——第二天欢欢就从家门口出发,走了1步,2步,3步,4步,5步,就在这个地方挖了个大洞,将蜂蜜罐埋下。

关键提问:

1. 欢欢走了5步埋下了蜂蜜罐,那么什么叫做"5步"呢?

2. 我们应该怎么看?"5步"是指5个脚印吗?

——我们大家一起来先走1步。什么叫"1步"?当一只脚跨出后,另一只脚跟上来,刚才这段距离,跨1步的空档处是"1步"。

小 结

原来看脚步数是不能光看脚印数的。两个脚印之间的空档处才算“1步”。

三、尝试亲身试验，探索“等量不等长”

——每天欢欢从家门口出发，走5步路去给蜂蜜罐浇水、松土、施肥。小老鼠为了想早日吃到香喷喷的蜂蜜蛋糕，它也悄悄地帮助熊猫浇水、松土、施肥，可是过了很久，也不见长出蜂蜜蛋糕树来。小老鼠想看个究竟，这里面到底有没有蜂蜜罐？于是就学着欢欢走了5步路去挖洞一看究竟。

关键提问：

1. 那么多的脚印，我们看一看，小老鼠走的步数对不对呢？

2. 小老鼠按照熊猫的脚步数走了5步后，开始挖蜂蜜罐，可是挖了很久也没有挖到。这是怎么回事？

——于是它邀请了力大无比的大河马来帮忙，我们一起来数一数大河马走了几步。

关键提问：

1. 河马走了几步？

2. 河马成功了吗？为什么？

过渡：我们一起分别扮演故事中的小动物来找原因。我来扮演大河马，请一位朋友帮助大河马量一下我每走一步留下的脚印。向前走一步就在与我脚尖平的旁边，留下脚印，再走一步再留一个脚印，而且脚印都放在一边。看一看，同样走5步，发生了什么情况？为什么会这样呢？

（师生共同扮演角色，体验走步。）

小 结

——因为每个动物身高不一样，走出的步子大小也不一样，高个子的步子大，矮个子的步子小，所以他们的走5步的距离是不一样的。

四、故事圆满结尾

——熊猫知道这件事后，就决定带它们俩一起去看一下蜂蜜蛋糕树，三个朋友挖到一棵大种子。这颗种子突然就开始发芽了，然后逐渐长大，很快就长成一棵大树，树上结满了黄澄澄的蜂蜜蛋糕，发出奶油的香味儿。熊猫欢欢爬到蜂蜜蛋糕树上，摘下美味的蜂蜜蛋糕和它的朋友们一起分享。

活动的反思

一、目标定位清晰，环节设计合理

绘本蕴含的数学元素比较显性，根据大班上学期幼儿的年龄特点和本班幼儿的发展情况制定了两条目标。根据这两条目标，通过一开始目测感知故事画面中熊猫的5步脚印，个体走步体会"1步""5步"的概念，到人人扮演不同动物角色理解"不同动物走相同步子距离不同"的概念，层层推进，环环相扣，在关键问题"等量不等长"上加以分解，帮助幼儿发现问题和解决问题，注重幼儿认知经验提升的同时也发展了其语言表达能力和思维能力。

二、多媒体精妙，帮助幼儿主动学习

绘本故事中动物们由于跨出的脚步大小不同，走了相同步数却产生不同的距离，无法找到那棵种下的蜂蜜蛋糕树，这是一个幼儿不易理解的问题。利用动态的多媒体能清晰地使幼儿看到"等量不等长"的现象，并了解脚步大小不同，行走的距离也不同的道理，避免孩子纠结于什么是"5步"路，重点放在"1步"的理解上，最终明白无法找到蜂蜜罐的原因。

三、师幼互动积极，活动氛围融洽

整个活动教师能关注鼓励幼儿主动学习，在活动中能适时地转变身份，采用角色扮演、及时小结、操作体验等多种方式引导幼儿积极迁移生活经验，拓展人际经验，通过个别指导和集体分享使不同的幼儿能在活动中得到表现的机会，师生互动、生生互动积极良好，幼儿参与活动的热情和兴趣比较高，也为后期的继续探索学习做了良好的铺垫。

活动6

附故事内容*

熊猫欢欢要过生日了，它从家门口出发，在离家5步路远的地方挖了个大洞，将蜂蜜罐埋下，希望能长出一棵结满蜂蜜蛋糕的树，并每天精心地照顾它。这一切正好被小老鼠和大河马看见了。可是过了很久，也不见长出蜂蜜树来，于是它们想把蜂蜜罐挖出来看看。

它们按照熊猫的方法：走了5步路，可是没有挖到蜂蜜罐。这是为什么呢？原来它们同样走5步，但是走出来的路却不一样长。最后在大家的照顾下这颗种子发芽了，长大了，结满了黄澄澄的蜂蜜蛋糕，朋友们一起分享着美味的蛋糕。

---

* 铁皮人美术.魔法数学故事屋：蜂蜜蛋糕树[M].北京：电子工业出版社，2008.

活动7

让谁先吃好呢（大班）

东沟幼儿园　蔡春梅

绘本中心思想

《让谁先吃好呢》是一个幽默生动、结尾出人意料的绘本故事。一群小动物都想让自己先吃到桃子，为了吃到桃子，每个动物都要显示自己的优势来和他人比，弱势的毛毛虫在每一次比的过程中都落在了最后。但毛毛虫最后以自己的智慧折服了大家，先吃到了桃子。作者让我们明白：第一，看事情不能只从一个角度看，换一个角度看问题会有更多的发现；第二，不要因为自己弱小而小看自己，拥有自信和智慧才是最重要的。

融入的数学元素

这个有趣的故事除了蕴含排序的数学元素外，还隐含着很多的数学内容，如：高矮测量的方法、天平秤的理解、数量转换成重量的理解、逆向思维的方法等。从大班第一学期幼儿的认知水平来分析，将活动中关于高矮、长短、轻重的比较与排序作为本次活动的难点，且从顺向排序转向逆向排序的探究是适宜的。

活动的设计

年龄段：大班上学期

活动目标

1. 在按事物的某一特征进行排序的基础上，尝试逆向排序。

2. 理解故事内容，明白不要小看自己，树立自信心。

活动准备

PPT、幼儿人手一份动物操作材料，磁性底板

活动过程

一、进入故事情境，了解问题

重点提问：有哪些动物想吃这只大桃子？

小结

长颈鹿、犀牛、猴子、毛毛虫和兔子都想吃这只桃子，它们为了先吃到桃子，发生了许多有趣的事，今天就和你们说说它们的故事。

二、欣赏故事，尝试按动物身体上的某一特征进行排序

设计目的：运用已有的数学经验设想帮助动物第一个吃到桃子的方法。

（一）动物比身高

重点提问：故事中长颈鹿和动物们比了什么就可以最先吃到桃子？

（幼儿自由讲述排序的方法。）

小结

长颈鹿和动物们比高矮，从高到矮排队，它可以第一个吃到桃子。

（二）动物尾巴、耳朵比长短

1. 重点提问：兔子和猴子也想先吃到桃子，它们会和同伴比什么？

小结

兔子可以和大家比耳朵的长短，猴子可以和大家比尾巴的长短。

2. 幼儿操作：提示幼儿选一个喜欢的动物（兔子或猴子），排序比长短。

3. 幼儿交流（引导幼儿用语言表达排队的顺序）。

小结

按照尾巴、耳朵的长短排队，兔子和猴子都能第一个吃到桃子。

（三）动物比轻重

1. 重点提问：犀牛也想先吃桃子，它会和大家比什么？

看看犀牛有多重？这幅图你看得懂吗？说说你的理由。

小动物们分别有多重？（幼儿观察讨论。）

辅助提问：仔细观察跷跷板，你会发现什么？

2. 幼儿操作排序（提示幼儿仔细看图）。

3. 幼儿交流（引导幼儿用语言表达排队的顺序）。

小结

犀牛和动物们比轻重，从重到轻排队，它也能第一个吃到桃子。

三、帮助故事中的毛毛虫最先吃到桃子

设计目的：在按事物的某一特征进行排序的基础上，尝试逆向排序。

师：不起眼的毛毛虫大叫了起来，前面你们比过的地方，我都能比出第一来。大家都愣住了，怎么可能呢？

1. 重点提问：你们能不能帮毛毛虫先吃到桃子呢？（幼儿设想毛毛虫排队的方法。）

2. 幼儿操作：再次帮动物们排排队。

3. 共享交流。

重点提问：谁能帮毛毛虫先吃到桃子，你是用了什么办法？

小结

毛毛虫真聪明，所有比过的它都倒过来比，最后获得了4个第一名，它能最先吃到桃子了。瞧，毛毛虫"嗖"一下钻进了桃子里，一会儿，毛毛虫探出了脑袋，笑着对动物们说："嗨！朋友们，我们一起来吃桃子吧！"

活动7

活动的反思

1. 关注绘本教育内涵，有效选择与调整绘本内容

利用绘本设计数学活动是一个再创造的过程，教师必须在保持原著精彩和深度挖掘内涵的同时，按照数学教学活动的要求细细推敲，或调整，或修改，才能使教学活动更为适切和高效。

如经过细致阅读图书，舍弃了比嘴巴大小的内容，因为与孩子们的生活经验不相符；放弃了鳄鱼这个角色，因为很难辨别鳄鱼尾巴的起始处，不便于幼儿排序，且从6个变成5个物体排序。并调整了故事结尾，改为：毛毛虫想出了自己排在第一的好主意后，所有的动物都以谦让弱小为由加以认可，而毛毛虫第一个钻进桃子里后，又突然伸出头来说："朋友们一起来吃吧！"一场看似争夺食物的比赛，转化为共同分享快乐的结局，更能凸显绘本内涵。

2. 深入解读绘本画面，有效引领幼儿跨越认知障碍

一个优秀的绘本，每一张画面都似乎在与孩子对话，传递着不同的学习信息。如：绘本中动物比体重的画面，是以跷跷板上放置不同数量的石头来表示动物的重量。这对于大班幼儿来说是具有挑战性的，他们必须有相关的跷跷板比轻重的经验，并通过细致的观察、比较才能知道谁轻，谁重，再进行排序。对于这个认知点，如果教师处理不好，幼儿的学习就会在这里搁置，影响了整个教学的有效进行。如何帮助幼儿积累这些经验呢？我做了以下尝试：

方法一：在个别化学习中，教师投放了天平秤和不同数量的实物，让幼儿在反复操作中感知物体的轻重，并做记录。同时，将绘本中数量转化重量的图示稍作调整，让幼儿在个别化学习时尝试先观察解读画面，积累物体比较、转化的经验。

方法二：调整了活动中的提问。如：增加了辅助提问"仔细观察跷跷板，你会发现什么？"让幼儿通过互动交流，获取信息，尝试正确排序。从第二次教学的现场可以看到，80%以上的孩子能够对跷跷板的图意有所理解也能将数量转换成重量，并说清理由，帮助小动物按重量进行排序。

前后几次的实践让我充分感悟到，教师一定要对绘本画面进行深入解读，更要关注幼儿已有的认知水平，这样活动设计才能更有效。

3. 多媒体巧妙运用于绘本教学，帮助幼儿梳理数学经验

在活动设计中，我多次巧妙地运用了多媒体，将需要幼儿重点关注的内容加以呈现，

如：动物的不同特征，正向排序的方法等，便于幼儿进行比较和讲述。特别是逆向排序的呈现，就是在正向排序的画面上直接进行调整，幼儿的思维、视觉冲击非常大。多媒体的充分运用，帮助幼儿将抽象思维的过程变得可视化，同时也帮助幼儿梳理了学习经验，提高教学的有效性。

附故事内容*

动物们都想先吃到又香又甜的桃子，你一句我一句地吵了起来，谁也不让谁，怎么办呢？最后，动物们想出了一个办法，它们要举行比赛。谁在比赛中得了第一名，就先吃桃子；第二名，就第二个吃桃子，……谁比了最后一名，就只能最后一个吃桃子，只能吃到一点点了。

长颈鹿想先吃到桃子，他就动起了脑筋。它觉得伙伴们高矮不同，自己是动物中个子最高的，和大家比高矮，从高到矮排队一定能得第一，于是就对大家说："我们来比高矮吧，谁最高谁排在第一哦！"大家都同意了。长颈鹿可得意了，说："看见了吧、看见了吧，我个子最高，所以就该我长颈鹿先吃桃子。"

兔子和猴子不乐意了，它们一起跳了出来，说："不行不行，我们也想先吃到桃子。"它们边说边看看自己身上，它们想：我身上有什么可以和同伴们比一比，可以得到第一名的？

毛毛虫再也坐不住了，它想：比高矮，从高到矮排队，长颈鹿可以先吃到桃子；比耳朵长短，耳朵从长到短排队，兔子可以先吃到桃子；比尾巴长短，尾巴从长到短排队，猴子可以先吃到桃子；比轻重，从重到轻排队，犀牛可以先吃到桃子；我每次都排在最后，最后一个吃桃子，只能吃到一点点。毛毛虫说："你们知道吗？你们排的方法我都能够排出第一名的，我能够得到4个第一名，应该我先吃到桃子。"……

* ［韩］尹我海著，李春晖译．让谁先吃好呢[M]．长春：长春出版社，2009.

活动8

蜘蛛和糖果店（大班）

北蔡幼儿园　施　敏

绘本中心思想

糖果店来了一只蜘蛛，老板娘要把蜘蛛赶走，蜘蛛求情让它留下，说它知道客人们要选些什么糖。老板娘自然不信，但是通过一次次客人们的购物，蜘蛛每次都“猜”对了。难道蜘蛛真的是完全靠猜的吗？这本绘本所要给予孩子的是一种特别的思维方式：大胆地说出自己推测的结果，并用充足的理由去说服同伴；当推测的结果出错时，又让孩子能感知并认可。让孩子们体会到了探索世界和预测未来的乐趣，提高了他们对日常生活的观察力和洞察力。

融入的数学元素

通过阅读绘本中的故事，知道了不是什么事情答案都是唯一的，有时也会因为各种情况，可能会出现不唯一、不固定的答案。我们可以看出这里面蕴涵的数学内容是“概率与统计”——把与情况有关的材料进行系统的分类，再进行比较、分析，然后预测事情发生的可能性，也就是——推测。

活动的设计

年龄段：大班上学期

活动目标

1. 理解故事内容，尝试根据已有信息来推测事情可能发生的结果。

2. 能积极参与推测，并大胆表述自己的想法。

活动准备

PPT、幼儿人手一份操作材料（糖果图片、统计板）

活动过程

一、欣赏故事

目的：引发幼儿参与活动的兴趣，了解推测的方法。

1. 今天老师要和你们一起看一本书。书的名字叫《蜘蛛和糖果店》，这只蜘蛛在糖果店里会发生什么有趣的事情呢？我们一起来听故事。

2. 播放课件，讲述故事。

（1）蜘蛛想出什么办法让糖果店的老板娘把它留下？

（2）蜘蛛猜对咪咪要买什么糖吗？它是怎么猜的？

小结

知道咪咪以前买过什么糖，就能推测出咪咪今天可能买什么糖了。

二、跟着蜘蛛一起猜一猜

目的：尝试根据已有信息来推测、估计事情可能发生的结果。

1. 继续讲述故事。

（1）菲菲买过几次糖？前几次买了什么糖？

（2）猜一猜，菲菲这次可能会买什么糖？说说你推测的理由。

小结

菲菲共买过5次糖，其中只有第一次买了橘子味的糖，其他4次买的都是花生巧克力味的糖，所以买花生巧克力味的糖的可能性最大。

2. 幼儿操作。

（1）东东和嘟嘟以前分别买过几次糖？买的是什么糖？

（2）这次他们两个又可能会买什么糖？请你们也像蜘蛛一样推测一下。

（3）说说自己的理由。

小结

只要是他们以前买过的糖，这次他们都会再选择买的；只要是以前买得多的，这次买的可能性会更大些。

幼儿1　菲菲只买过一次橘子味的糖，可能觉得不好吃，所以换了花生巧克力味的糖，很好吃，就一直吃。今天她还是会买花生巧克力味的糖。

幼儿2　口香糖和果冻东东都吃过，都喜欢吃，但是吃果冻多一次，可能喜欢果冻多一点点，今天东东可能会买果冻。

幼儿3　嘟嘟买过5次，吃过三种口味的糖，×××味的糖不好吃，换了×××味的糖，还是不好吃。又换了跳跳糖，一下子买了三次，他可能喜欢跳跳糖在嘴巴里跳跳的感觉，今天他可能还是会买跳跳糖吧。

3. 播放课件，继续讲述故事。

（1）老奶奶来买糖，前几次她买了什么糖？

（2）老板娘猜她会买什么糖？为什么没有猜对呢？

小结

有时候，推测还是会不准的，到底买什么糖最后还是需要由买糖的人来决定。

幼儿1　奶奶吃腻了，想换种口味。

幼儿2　糖果店进了新的糖果，奶奶想试试看好吃哇。

幼儿3　家里来客人了，想给客人吃。

幼儿4　买给她的孙子吃，因为棒棒糖是小孩子喜欢吃的。

三、最受欢迎的糖

目的：继续推测、估计，感受可能发生的事情。

1. 老板娘店里要进什么糖呢?

2. 看了蜘蛛的记录纸,可以知道老板娘要进什么糖吗?

小结

受欢迎的糖可以多进一点,不受欢迎的糖也要进一点,可能会有人想要更换口味,尝尝新的糖。

活动的反思

1. 小小的记录表起到大大的作用

(1) 绘本中记录表的作用是推测的依据

记录表的落脚点应放在:根据记录表观察并寻找出客人买糖的规律,推测客人今天会买什么样的糖。而且绘本中的每份记录表都是呈递进性的,干扰的因素一点点地增加,特别是最后老板娘一周的销量记录表,不但推测的难度增加了,同时也更能体现记录表的实用性。

(2) 关注记录表,学会从记录表中发现秘密

在蜘蛛第一次猜过咪咪想买的糖后,老师就借用蜘蛛的嘴说了这么一句话"我每天把客人买什么都记录了下来,我就是凭着这个记录表来猜的"。引导幼儿去关注记录表,通过一次次的观察、分析记录表,让幼儿更具体地感知到:蜘蛛的猜不是乱猜的,而是有一定依据的。

2. 幼儿思维的挑战,教师教育观念的改变

推测是这本绘本的数学点,这种思维方式比较西化,与我们中国人传统的墨守成规的思维方式是不一样的,对于幼儿来说是一个思维上的挑战,而《蜘蛛和糖果店》就是要打开幼儿这方面的思路。让幼儿了解到不是什么事情答案都是唯一的,有时也可能会出现不唯一、多种可能性的答案。这样与绘本中推测的本意就相符了。

当老师的指导思想改变了,幼儿在活动中表述理由更充分了,老师和幼儿都不再一味地追求"猜对"的结果。给予孩子更多的思考空间,和他们一起享受过程的快乐。

活动8

附故事内容*

一个糖果店来了一只蜘蛛，女店主暴跳如雷，抓起扫把就赶："走开，我们店里不能有蜘蛛，马上收拾行李走人。"蜘蛛求情让它留下，说它知道客人们要选些什么糖。女店主自然不信，于是"撒谎，不信"骂声陆续出来……

这时，来了第一个客人咪咪。咪咪要买什么糖？女店主不知道，蜘蛛却脱口而出："圆溜溜的棒棒糖。"女店主自然不信。结果，咪咪确确实实买的是棒棒糖。

第二个客人菲菲来了，这次蜘蛛推断，菲菲要买的是花生巧克力糖。结果是真的。

第三个客人东东究竟要买什么？蜘蛛的推论是：要么买果冻，要么买香蕉味的口香糖。因为东东吃了六次果冻，四次香蕉味的口香糖；所以东东会从两样东西中选一个。呵呵，又对了……

一个老奶奶来了……女店主学会了蜘蛛的办法肯定地说："要薄荷糖。"不过，这次的"肯定"却是错了，老奶奶要的居然是泡泡糖，这是为什么呢……

* ［韩］刘永昭著，林春颖译．蜘蛛和糖果店［M］．长春：长春出版社，2009.

活动9

超级擂台赛（大班）

彭浦新村幼儿园　徐　萍

绘本中心思想

《超级擂台赛》是一本十分有趣的图画故事绘本。为了保护羊群，山羊公公决定举行“超级擂台赛”，聘请一位强壮、勇敢的守卫来对付大灰狼，保护羊群。他出了一个又一个的难题，淘汰了一批又一批的动物，经过一关关的挑战，最后猎狗获得了胜利，成为羊群的守卫。

在阅读的过程中，孩子们最关心的问题就是到底谁能胜出，通过不同形式和内容的比赛，孩子们知道机智勇敢、认真负责的动物才能成为最后的赢家。

融入的数学元素

绘本中的多项比赛结果需要孩子通过统计的方法来获知，只有小读者运用观察、比较、分析等数学经验才能更好地理解故事。有趣的故事情节，丰富多样的比赛内容，让统计变得不再枯燥，更能激发孩子去操作、去发现。

在挖掘绘本中的数学教育内容的基础上，结合大班幼儿的生活经验和已有的数学概念，尝试将故事内容与幼儿园数学活动进行整合，设计了这个数学活动。为了给孩子更多思考的空间，还对“超级擂台赛”的比赛项目和获胜标准进行了修改，让活动的环节和内容更加符合大班幼儿的年龄特点，更具有挑战性。

活动9

活动的设计

年龄段：大班下学期

活动目标

1. 尝试运用已有经验对数字大小、时间快慢进行比较，从而对故事的情节做出相应的判断。

2. 体验故事内容的有趣，对获胜者的机智勇敢、认真负责有认同感。

活动准备

统计表、笔、PPT

活动过程

一、欣赏故事引出话题

1. 一起来听一个有趣的故事（多媒体演示故事前半段，边欣赏边梳理情节）

——分析提问：山上的大灰狼越来越多，羊村里的羊越来越少了，这是什么原因呢？

——观察提问：山羊公公和小羊们在森林里贴出的广告上说了些什么？为什么要招聘守卫？

2. 说说来应聘的动物

——提问：这么多动物都来应聘，这可怎么办呢？山羊公公用的是什么办法？超级擂台赛是什么意思？

——小结：哦！超级擂台赛就是让动物们PK一下。谁获胜，谁就能成为守卫。

二、统计单项比赛结果

1. 了解擂台赛的项目。（引导幼儿仔细观察多媒体画面）

——看看说说：共有哪些比赛项目呢？

怎样才能在比赛中获胜呢？ cm是什么意思？

2. 尝试做裁判，记录比赛结果。（幼儿操作，要求准确一点哦！否则就不公平。）

3. 幼儿交流和验证。

★ 接飞盘比赛——观察几位裁判的记录，说说是否有错。

（多媒体显示同时将接住飞盘的动物圈出来，让幼儿进行比对。）

★ 身高比赛——说说这场比赛的获胜要点是什么？ 100厘米在哪里？几个小动物胜出了？这三个裁判的判决正确吗？

（多媒体横向拉出一条100厘米身高线，让幼儿进行比对。）

★ 举重比赛　　说说哪些动物举重超过了110公斤，你的数据是如何获得的？

（多媒体显示统计结果，让幼儿进行比对。）

★ 跑步比赛——获胜的要求是什么？几点钟开始的，10分钟以内到底应该是几点钟？

（多媒体提示需在12点10分之前完成比赛，显示时钟。）

4. 谢谢你们统计出了各项比赛的结果。

三、合计比赛结果

1. 谁是最后的获胜者呢？

——提问：用什么办法知道谁是最后的获胜者？

2. 把四场比赛的结果合在一起看看，得出结果。（三位获胜者。）

3. 小结：你们的统计方法真不错。

四、揭晓故事结尾（多媒体演示故事结尾）

1. 说说怎样选出最后的获胜者？

2. 看看山羊公公的办法。（请它们三个分别和羊群上山。）

——提问：你们知道谁能成为小羊们的守卫了吗？为什么？（机智勇敢，认真负责。）

3. 为小狗的获胜感到高兴。

活动的反思

1. 巧妙地在文学作品中融入数学内容，帮助幼儿运用数学思维的方式增强对故事内容的理解，使枯燥、抽象的数学因为有了文学作品的精彩情节的支撑而生动有趣了许多。

2. 没有机械地照搬故事，而是根据活动的需要和孩子的年龄特点将故事的情节作了适当的调整：例如，动物的数量从原来的14个变成了8个，将三项比赛项目调整到四项；增加了跑步比赛，对各项比赛的获胜标准进行了修改。这些删删改改，都是为了给孩子有一个适度挑战的空间。

3. 多媒体课件的运用为活动增色不少。将文字、图片、声音、动画等元素组合起来，使活动更具有趣味性和情境性，满足了幼儿具体形象思维的年龄特点，做到更好地优化教学。

附故事内容*

为了保护羊群，山羊公公决定要聘请一位强壮、勇敢的守卫来对付大灰狼。可是，来应聘的动物太多了，怎么办呢？他出了一个又一个的难题，让动物们来一场“超级擂台赛”。经过激烈的角逐，最后狗、老虎和大猩猩三位挑战者获胜。山羊公公该选谁好呢？于是，他请狗、老虎和大猩猩分别上山看管羊群，最后，狗以其出色的表现赢得了小羊们的多数选票，成为了守卫！

* 铁皮人美术著.超级擂台赛[M].北京：电子工业出版社，2008.

活动10

我家漂亮的尺子（大班）

松江维罗纳幼儿园　胡筱彦

绘本中心思想

《我家漂亮的尺子》这个故事是以人身体的数学现象为中心展开的，绘本的中心思想是：在日常生活中即使不使用标准化的测量工具，我们的身体也可以进行测量；许多标准化单位都源于人体，我们的身体具有数学价值，数学离我们很近。

融入的数学元素

绘本融入的数学元素主要是自然测量。大班孩子会欣赏自己的身体，而欣赏时最关注的往往是身体各部位的作用，如“会动”等等。这本绘本的加入，可以让孩子们知道身体除了可以做许多动作之外，还可以作为一种测量工具，从而拓展孩子们欣赏自己身体的思路。

另外，沿着大班幼儿自然测量经验发展的轨迹，利用此绘本我们可以继续发展两个方面的测量经验：一是拓展自然测量的工具，即：除了小棒，人的身体、绳子、椅子等也都可以是测量工具；二是梳理自然测量“自然物——工具”的内在关系，如：量具长度越大、量数越小等等。

活动10

活动的设计

年龄段：大班上学期

活动目标

学习用手（拃）及脚（脚印）作为自然测量的工具参与测量活动的兴趣，体验身体真有用。

活动准备

大书，测量材料

活动过程

一、故事导入（价值点：引起孩子对身体的关注，激发参与兴趣）

今天老师给你们带来一本大书，这本大书的名字叫作《我家漂亮的尺子》，我们一起来看一看。

重点提问：

1. 欢欢怎么会感觉衣服变短了、鞋子变小了呢？
2. 长高了有哪些好处？

重点提升：长高了真好，很多原来不能做的事情现在都能做了。

二、试试手尺（价值点：初步迁移正确的测量方法，引发孩子用手拃量的兴趣）

1. 质疑提升，引出长度单位“拃”的概念。

重点提问：

（1）妈妈的手是怎么做尺子的？

（2）什么是“拃”？

重点提升：把手伸直，从大拇指的尖尖头量到小指尖尖头这么长的距离叫“拃”。

2. 共同讨论，迁移正确测量方法，尝试体验。

重点提问：

（1）看看妈妈用她的手尺量了哪些地方？她是怎么量的？

（2）你也来试试看，你是怎么量的？

重点提升：

（1）一只手这么量：手伸直一拃，小指按住、大拇指接住它，小指按住不动哦。再来，小指按住、大拇指接住它又一拃。

（2）小手真有用，平常小手能做很多事情，现在小手还能做量一量的工具。这个工具就是一把漂亮的尺子，它叫作“拃”。

三、试试脚印尺（价值点：继续迁移运用正确的测量方法，引发孩子用脚印测量的兴趣）

1. 观察画面，推测脚印的量法。

重点提问：脚能不能做漂亮的尺子呢？用脚印来量到底是怎么个量法呢？谁能来试试？

2. 尝试体验，迁移运用。

重点提升：人有两只脚，一个脚印量完了，后面一个脚印可以接过来，脚跟去靠脚尖。原来我们身上的脚也这么管用，不但可以走路做运动，还可以做一把漂亮的尺子。

四、做做教室里测量时的漂亮尺子（价值点：帮助孩子进一步体验身体的手和脚真有用，初步了解自然测量时要思考工具的适合度）

1. 操作要求：用手拃和脚印来量一量班级里的东西。

2. 幼儿自主操作和体验，教师巡回观察。

3. 分享体验结果。

预设重点提升：手和脚都能做尺子，在测量的时候，要想想哪种方法更合适。

五、故事延伸（价值点：延续幼儿的测量兴趣，进一步引发幼儿探究自己身体的兴趣）

我们的身上就只有这两把尺子吗？我们的书还没有看完，后面还有好多页，漂亮的尺子也不止这两把。老师把书放在教室里，喜欢的话可以去看一看，看看到底有几把尺子？

活动的反思

1. 活动选材必须紧贴主题，紧贴幼儿习得测量经验的发展轨迹，紧贴绘本本身所要传递的东西。

本次活动，我们预期幼儿能够获得的经验是“有学习用手（拃）及脚（脚印）作为自然测量的工具参与测量活动的兴趣，体验身体真有用”。而《我家漂亮的尺子》这个绘本很长，内容涉及比较多，在自然测量工具上，涉及了手拃量、脚印测量、步子测量、胳膊“庹”量、胳膊“抱”量等，一下子将内容拓展给大班上学期的孩子，对孩子来说，要完全理解有一定的难度。分析了这几种测量工具，觉得用手拃量和脚印测量比较适合目前刚开始拓展测量工具时期孩子们的接受能力，而且胳膊“庹”量和“抱”量也属于用手来做自然测量的工具，用步子测量跟用脚印一样，属于用脚来作为自然测量的工具，考虑到本次活动主要是让孩子们体验到自己的手、脚都能做尺子，真有用；难点不宜过多，所以，本次活动只选用了绘本的前半部分（手拃和脚印），将后半部分（步子、胳膊“庹”量和“抱”量）让孩子自己看书去发现，再进行拓展。

2. 环节设计要富有动感，本次活动中间隔性地让孩子们去操作去体验，使大班的测量活动摆脱沉闷，变得宽松有趣。

3. 活动材料最好现成熟悉，本次活动幼儿操作的空间和材料都是活动室中较为熟悉的，使大班孩子更有作为小主人的归属感。

4. 本次活动之后，需要有一段低结构活动时间让孩子继续积累经验。可以让孩子们一起把书阅读完，尝试用书中的测量工具实施测量；也可以投放不同的测量物和不同的测量工具。一方面让幼儿继续体验用不同的测量工具进行测量，另一方面旨在让幼儿能体会到用不同的测量工具去测量不同的物体时会有方便或不方便的区别。

附故事内容*

呀，我的衬衫袖子短了，裤子也穿不进去了，鞋子变小了，衣服也变短了吗？不对不对，是因为我长高了，你知道我长高了多少吗？个子是这么高！到爸爸的肚脐了。现在即使不放搁板架我也能够到门铃了。手这么大了！脚也这么大了！“嗯？还差很远呢，我什么时候可以像妈妈长得那么高？”

妈妈说不给我做衬衫，而准备给我做个连衣裙。要做连衣裙的话，需要毛线和织针，可是怎么也找不到尺子，妈妈不用尺子，而是用让我痒痒的“妈妈手尺”来量。看！张开胳膊，挺直腰板，一柞，两柞，三柞，用妈妈的“手尺”，测量从我的腰开始到膝盖的长度，量胳膊的长度，哈，量量胸围。这样才能做出个合身的连衣裙。我的尺寸量完了，都是用妈妈的“手尺”量的。真希望妈妈快点把我的连衣裙做出来。以前姥姥也是这样给妈妈做衣服的。妈妈是向姥姥学的。哇，正好合身。像用尺子量的一样，妈妈的手是随时可以用的便利的尺子。

我的手也可以像妈妈那样吗？一柞，两柞，三柞，用我的柞来量量东西。嗯？用拃来量衣柜太费力了。那再用脚来量量吧，左脚右脚按顺序放上去，一个脚印，两个脚印，三个脚印……我家沙发的长度是10个脚印，我的房间到玄关是12个脚印。

---

* [韩] 金成恩著，夏艳译. 我家漂亮的尺子[M]. 长春：长春出版社，2009.

活动11

连在一起（小班）

云台幼儿园　张玫红

绘本中心思想

“连在一起”是幸福的起源，绘本《连在一起》是作者从育儿过程的感悟中诞生的。整个故事由两条金鱼的相遇开始，接着连在一起的是四种幼儿熟悉的动物的不同部位，最后妈妈和宝宝连在一起。妈妈温柔的脸和宝宝粉嘟嘟的脸紧密地贴在一起，由此获得与亲人浓浓的亲情依恋。

连在一起是一件非常幸福的事情，衷心希望有更多的父母和子女能够连在一起。

融入的数学元素

本书从指认常见的动物开始，每一幅简单的画面中都能让幼儿感知同类事物可以连在一起，也就是一样的动物能一一配对，积累集合的经验。另外隐藏在故事画面背后的还有不同的事物逻辑关系，它们并不需要在阅读中被揭示出来，不用语言表述，但却能在阅读中被发现：相向——面对，朝一个地方；相遇——分合，连在一起。

活动的设计

年龄段：小班上学期

活动目标

1. 感知同类的事物可以连在一起。

2. 感受一家人在一起的快乐。

活动准备

PPT、小图片

活动过程

一、理解故事（目的：引导幼儿观察，感受一家人在一起的快乐）

金鱼和金鱼：

（1）这是什么？

（2）这条金鱼朝着这里游过来，那条金鱼也朝着这里游过来，金鱼和金鱼是一家人，连在一起了。

鸭子和鸭子：

（1）这是什么？你从哪里看出来的？

（2）这只鸭子朝着这边游过去，那只鸭子朝着那边游过去，它们会连在一起吗？

（3）鸭子的什么连在一起？

大象和大象：

（1）这是一头大象，这也是一头大象，大象和大象是一家人，它们会连在一起吗？

（2）它们怎样连在一起呢？大象和大象是一家人，伸出长鼻子，连在一起了。

猴子和猴子：

（1）猴子和猴子怎样连在一起呢？（幼儿猜测。）

（2）猴子和猴子是一家人，伸长两条手臂连在一起了。

妈妈和宝宝：

（1）他们是谁？

（2）宝宝和妈妈可以怎样连在一起呢？（宝宝和老师用动作表示。）

（3）还有爸爸，也连在一起了。

二、阅读故事（目的：乐意用故事中的句式讲，感知同类的事物可以连在一起）

提问：为什么金鱼和金鱼、鸭子和鸭子、大象和大象、猴子和猴子、妈妈宝宝爸爸连在一起了？

小结

因为它们是一家人，一样的东西可以连在一起。

三、找找讲讲（目的：进一步感知同类的事物可以连在一起）

1. 找找一家人的图片，把他们连在一起。
2. 用故事中的句式交流分享。

活动的反思

1. 情感的升华，体验学习乐趣

各种不同的动物用各自不同的方式连在一起，表现出了一种相连的快乐。在绘本的最后，爸爸妈妈还有宝宝一起脸贴脸连在一起，再次让孩子们在情感上获得了满足。于是孩子们和老师一起模仿绘本中的各种方式连在一起：头和头连在一起；鼻子和鼻子连在一起；手和手连在一起还有脸和脸连在一起等等。各种各样有趣的肢体连接，让孩子们感受了无限的乐趣，也增强了与老师的亲密感，从而提高对绘本的阅读兴趣。

2. 朴素的画面凸显活动重点

这本画面看似简单的绘本，非常适合刚入园的小班孩子阅读。他们的视觉感知范围十分有限，对一个复杂事物，他们既不能整体感知，也难以关注到每个细节。所以观察对象越简单，孩子注意力越可能集中在主要的内容上。本书画面除了各主角外，就是安静的底色。素净的画面，保证了图文的高度结合，所以孩子很容易看懂画面，他们会准确命名，也会描述身体的主要部位，但是对于同类事物的集合感知是从无意识到有意识，从模糊意识到清晰意识，朴素的画面更如一位无声的教师凸显出活动的重点，那就是同类的事物可以连在一起。

3. 上口的儿歌助推语言表述

小班幼儿的特点就是喜欢重复，并在重复中练习和巩固正在发展着的行为模式。这种反复的句式，孩子自然地看图跟读，融入到阅读情景中，并且能快速学会固定的句式。尽管绘本中的文字朗朗上口，但是为了提升活动的教育价值我们稍作改编。将原先的

“金鱼和金鱼，连在一起了”改为“金鱼和金鱼是一家人，鼻子和鼻子连在一起了”。这样的改编更凸显浓浓的亲情，也进一步引导幼儿仔细观察并描述身体的部位。完整的诵读就是一首儿歌，我们有意识地引导幼儿去感知其中蕴含的规律，帮助幼儿积累儿歌中排列的规律性，有助于幼儿在创作儿歌的过程中进行运用。儿歌中蕴含着丰富的数学知识，通过儿歌促使幼儿在看看说说的过程中积累、丰富相关的集合经验。在发展幼儿数学能力的同时推动幼儿语言能力的发展，两者相得益彰。

附故事内容*（改编）

金鱼和金鱼是一家人，连在一起了。
鸭子和鸭子是一家人，连在一起了。
大象和大象是一家人，连在一起了。
猴子和猴子是一家人，连在一起了。
妈妈和宝宝是一家人，连在一起了。
还有爸爸，也连在一起了。

---

* ［日］三浦太郎著，黄超译. 连在一起[M]. 少年儿童出版社，2008.

活动12

鼠小弟称重（大班）

回民幼儿园　宋　艳

绘本中心思想

《鼠小弟，鼠小弟》是一个关于测量体重的故事，它的大意是鼠小弟和动物朋友称体重，随着一个比一个大的动物朋友们逐个登场，磅秤指针也一次次顺时针地往前移动，小老鼠总是最轻的一个。最后鼠小弟又一次站到秤上，指针又回到起点，可是看上去却比最后登场的大象还向前一格。这回轮到鼠小弟得意，大象呆了。

融入的数学元素

此绘本故事中蕴含着许多数学元素，如：对磅秤的认识，磅秤上指针的转动，动物体重的变化比较等等。

活动的设计

年龄段：大班上学期

活动目标

1. 理解故事内容，知道磅秤上指针的转动与轻重之间的关系。
2. 在阅读中发现问题，积极思考解决疑问，初步体验故事的诙谐幽默。

活动准备

幼儿人手一份绘本中的动物卡片、排序底板、绘本课件、实物磅秤

活动过程

一、欣赏故事绘本，根据故事内容按动物不同体重排序（知道磅秤上的指针按顺时针方向不断朝前走，表示体重越来越重）

1. 播放课件，欣赏绘本故事。

预设提问：图片上的猴子和小老鼠要干什么呢？

猴子为什么笑话鼠小弟？猴子说"你瞧"，是瞧什么？

其他动物来称重时，也说"你瞧"，也在瞧什么？

2. 幼儿操作，按故事情节将动物与秤面排排队。

预设提问：故事里哪些动物一个一个挨着次序来称重的？

最轻的动物是谁？哪个秤告诉我们的？ 最重的动物是谁？哪个秤告诉我们的？

磅秤上指针的变化说明什么呢？

小结

故事中画面呈现动物的秤面的指针能够告诉我们哪个动物轻，哪个动物重，秤面上的指针往前走一点，就告诉我们后来的这个动物比前一个动物重一点了。

二、解决故事中大象的疑问（理解当秤上没有重量时，指针会自动归零的特点）

1. 继续播放课件并讲故事引出问题："鼠小弟真的比大象还重吗？"

2. 幼儿称重，帮大象找找答案。

（1）幼儿称重体验活动：幼儿人称，大家观看称面上指针的变化。

预设提问：你站上磅秤的时候，磅秤上的指针是怎么样的？你下磅秤的时候，磅秤上的指针又怎么样了？

（2）发现磅秤上指针的变化，你能解决大象的问题吗？

小结

大象称完体重，从磅秤上下来的时候，秤面上的指针回到了原位。而当鼠小弟站上磅秤的时候，秤面上的指针动也没有动。大象没有看到指针的变化过程，误认为鼠小弟称重时比他自己称重时指针的位置又向前了，而产生“难道他比我还重”的问题。其实，鼠小弟没有大象重。

活动的反思

按照故事的线索开展了第一次教学活动，但是幼儿一直在用动物的大小解释体重的轻重，怎么也无法解释最后小老鼠称体重时，磅秤上指针竟然会比大象又向前移动，显然没有达到预期的效果。反思活动，再次解读绘本，发现绘本暗藏着引发幼儿思考的玄机。

玄机一：混淆大小和轻重两个截然不同的概念

故事中的磅秤上只保留指针，故意省略了表示重量的数字，所有称体重的角色大小又都具有明显差别，对运用磅秤上的精确重量判别体重造成干扰，致使幼儿仍然会沿用以往运用目测大小的方法估计大致体重。

玄机二：强化称重的结果，忽略称重的过程

这个故事中只出现每次动物站上磅秤称体重的结果，有意省略每个动物称重后离开磅秤的画面。利用幼儿只关注磅秤指针的静止状态，不关注上下磅秤时指针移动的瞬间变化的普遍现象，引发大象最后幽默的疑问。这正是作者的独具匠心，由此反映了作者对学龄前小读者特点的深刻了解。

这个故事结果所制造的问题，正是需要幼儿从关注静止的结果到关注动态的过程，才能解决最后的疑问，产生幽默一笑。由此可见，这一绘本并不单纯地在向幼儿传递有关称重的知识，还包含着许多能力的培养，如：灵活地观察判断思考、将过去的经验用于新情景、清晰而准确的思维和交流等。为此，我们有了新的解读，及时对活动加以调整，重新进行了活动设计。

第一，考虑活动环节之间的逻辑性，做到简洁明了，环环紧扣，将关键点加以分解，层层递进，真正做到帮助幼儿发现问题和解决问题。

（1）融入故事的排序活动：在听故事中融入动物依次称重先后，以及称重中磅秤指针显示的图像的两次排序，使每个幼儿对动物称重中指针变化与动物建立一一对应关系，并识辨磅秤上指针（顺时针方向）越向前表示越重，既熟悉了故事内容，又为大象产生的问题似乎有其"合理"奠定了基础，揭示了矛盾。

（2）人人参与称重的体验活动：在体验活动前提出看一看每人称前指针位置；站上磅秤指针变化；下磅秤指针变化。启发幼儿关注每人称重时磅秤指针变化的全过程，让幼儿在通过称重中获得了磅秤指针回复到"0"的经验。这正是幼儿缺乏的经验，也是绘本中省略的画面，更重要的是解决大象产生问题的必要条件。

（3）体验活动后的交流讨论：抓住幼儿得到的新的认知经验，启发幼儿自己来说清大象产生的问题是不可能的道理，变教师的小结为幼儿的结论。使这个诙谐幽默故事内含的教育作用，在共同参与中得以体现。

第二，课件制作起到了帮助幼儿理解故事主要情节的作用。尊重原作的绘画风格，整个课件都采用原作的黑白单色，空白的背景，将幼儿的视线集中在磅秤上，特别是在每次动物称重时都将称面放大，使幼儿关注指针的变化，在幼儿解释大象问题时，又将磅秤指针设计为前进和倒退的动态变化，对幼儿观察、思考在自身体验后进一步认识，都起到积极的推动作用。

经过几次调整方案实施以后，几乎有80%以上的幼儿能用自己称体重的经验理解磅秤指针转动与体重的关系，帮助故事中的大象解决问题，说清理由。

附故事内容*（改编）

猴子指了指秤说："鼠小弟、鼠小弟，你站上来看看！"鼠小弟站到秤上，猴子一看，笑着对鼠小弟说："哈哈哈，指针一点儿也没动！"猴子自己跳上了秤："你瞧，我比你重多啦！"小猪来了，看见小猴在秤上，它笑了，说："哈哈哈，才那么一点儿啊?!"它站到秤上说："你瞧，我比你重多啦！"狮子来了，看见小猪在秤上，它笑了，说："哈哈哈，才那么一点儿啊?!"它站到秤上说："你瞧，我比你重多啦！"马来了，看见狮子在秤上，它笑了，说："哈哈哈，才那么一点儿啊?!"它站到秤上

* ［日］中江嘉男文，［日］上野纪子图，赵静、文纪子译. 鼠小弟，鼠小弟[M]. 海口：南海出版公司，2009.

活动12

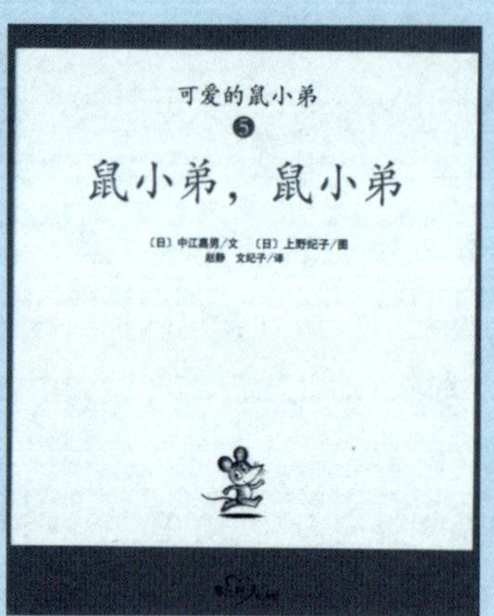

说：“你瞧，我比你重多啦！”河马来了，看见马在秤上，它笑了，说：“哈哈哈，才那么一点儿啊?！”它站到秤上说：“你瞧，我比你重多啦！”大象来了，看见河马在秤上，它笑了，说：“哈哈哈，才那么一点儿啊?！”它站到秤上说：“你瞧，我比你重多啦！”这时候鼠小弟站在大象的后面，大象得意地对鼠小弟说：“来吧，鼠小弟，你站上来看看！”鼠小弟站到了秤上，大象看着磅秤上的指针惊呆了：“鼠小弟怎么比我还要重?”

二

运用学具的数学教育活动实践

学具对幼儿学习数学的重要性

安庆幼儿园　卢世轶

二期课改以来，大多数幼儿教师在实施数学活动时，早已摆脱了传统的说教式教育模式，越来越重视学具在幼儿数学学习中的运用。那么，为什么操作学具对幼儿学习数学来说很重要呢？这还要从幼儿学习数学的特点说起。围绕幼儿学习数学的特点，让我们来看一看学具对幼儿学习数学的作用和重要性。

特点一：依赖于外部的动作

幼儿在学习数学时，经常要借助外显的动作来理解抽象的数学关系。如幼儿一开始学习数数时，一定是动作水平上的点数。从最初的用手摆弄物体进行数数，过渡到隔空点着物体数数，慢慢地才能过渡到心中默数。如果脱离了身体的外部动作，幼儿是很难一下子理解抽象的数概念的。

在幼儿学习某一数学概念的初期阶段，特别需要身体的外部动作。而对于那些表现出抽象思维有困难的幼儿，也需要给予他们充分的动作摆弄的机会。如幼儿在感知两个三角形可以拼成正方形时，有的幼儿可能觉得这是不可能的。那是因为他缺少动作水平上的操作。这时就要给予幼儿充分用动作摆弄的机会，引导幼儿感知到两个图形通过移动、旋转或翻转，可以组合成新的图形。

学具的作用：从动作内化为思维

由此可见，摆弄学具对幼儿学习数学来说显得尤为重要。通过对学具的摆弄和操作，幼儿的外部动作才能内化为大脑的思维动作。如果一个幼儿不理解抽象的数字分合的关系，那就提供给他实物进行分一分的操作，让他在实际的动作体验中感知一个整体如何分成两个部分，部分又是如何合成整体。

特点二：借助于具体的形象

数学知识所反映的不仅仅是具体事物之间的关系，更是高度抽象的逻辑知识。而幼儿的思维恰恰是以具体形象占主导地位的。即使是大班孩子的思维，也没有完全发展到抽象思维的水平，而只是由具体形象思维逐渐向抽象思维过渡。因此，幼儿必须借助于具体的形象来理解抽象的数学知识。

比如，幼儿加减运算能力的发展是从实物加减过渡到算式运算的。幼儿从借助于实物的合并或取走来进行最初的加减运算。如果脱离了实物的演示，幼儿很难理解抽象的"2+3=5"中的数字和符号到底是什么意思。即使幼儿看似会做题，但如果不理解式题的实际意义，那么势必会影响到今后幼儿对于加减法的运用。

一个更有趣的例子是幼儿面对三个不同大小的苹果，可以很快比较出他们的大小次序。但如果你抛给幼儿一个问题："小红的糖比小明多，小兰的糖比小红多，谁的糖最多？"幼儿对这类问题会感到十分困难。究其原因，就是因为问题是抽象的，脱离了具体的事物，幼儿的思维特点决定了他们很难进行完全抽象的逻辑思考。

学具的作用：从具体转化为抽象

因此，在数学学习的过程中，操作学具便体现出它的重要性了。通过对实物或是图片的摆弄，幼儿才能够逐渐从这些具体的事物中进行抽象的概括，并最终达到能够摆脱具体事物，在抽象的层面上进行思考。

特点三：有赖于反复地操作

幼儿对数概念的掌握是一个持续不断的自我建构的过程。幼儿会运用不同的策略来解决实际遇到的问题，只有当幼儿发现已有认知经验无法解决问题时，才会寻求新的策略，建构起新的知识。

比如，在幼儿最初对两个物体进行比较时，大多用的是目测的方法。他们依靠直觉来判断两根绳子哪根更长。这个方法有时候是有效的，但有时候也会出现偏差，可能看上去短的那根绳子其实是比较长的。此时，幼儿在用已有的认知经验同化外部世界时遇到了问题，他便会寻求新的解决办法，如将两根绳子拉拉直，放在一起对对齐进行比较。可见，在学习数学的过程中，幼儿需要有大量的机会去体验、操作和巩固。

如果幼儿缺乏多次的体验和操作，他们对数学概念的理解就会出现问题。例如，有的幼儿认为三角形就是等腰三角形的样子，而钝角三角形不是三角形。这是因为该幼儿缺少接触不同三角形的经验。

学具的作用：从同化提升为建构

故而，反复地摆弄和操作学具是增加幼儿多样化经验的一种有效途径。操作学具不仅可以引导幼儿运用已有认知经验来解决问题，还可以帮助其在遇到问题时建构起新的数学知识。这不仅仅体现在集体教学活动中，更加体现在个别化学习活动中。也就是说，数学学具除了可以用来设计和实施集体活动，还可以有层次地投放在个别化学习活动中，供幼儿反复地操作、摆弄，充分地和材料产生互动，不断地建构起新的知识。

从以上幼儿学习数学的特点来看，数学学具在幼儿学习数学的过程中有着不可替代的重要作用。借助学具，幼儿可以具体形象地理解各种抽象的数学关系，在操作和摆弄中积累丰富的数经验，从而不断建构起新的数学知识。可以说，学具是数学教育内容的载体，幼儿学习数学离不开学具。

《数学园地》中学具材料的投放——玩转图形片

彭浦实验幼儿园　徐　萍

一、几何图形片的功能

1. 认识各种几何形状（正方形、长方形、圆形、椭圆形、梯形、半圆形、三角形，共7种图形）。

2. 根据图形片形状的不同，进行分类活动。

3. 将图形组合拼搭，理解物体的部分与整体的关系。

二、活动说明

游戏材料名称	材料投放	操作提示
分饼干	图形片一套（7种图形、每种图形片大小不一样），分类餐盘7个。	幼儿可以进行分类活动。
布置新家	图形片一套（7种图形、每种图形片大小不一样），提供一些实物的矢量图图片。	幼儿自由拼搭电器、家具、生活用品等。老师可以变换实物图片，让幼儿练习不同物体的拼搭。
数图形	用图形片拼搭好各种物体拍成照片若干、记录纸若干。笔一支、夹子若干。	数一数每个物体用了哪些图形片、各几块？
找影子	图形片一套（7种图形、每种图形片大小不一样），图形影子底板若干。	幼儿根据影子寻找相应的图形片。
贴墙砖	房子底板卡若干、图形片若干（缺少圆形、大长方体等）。	幼儿为房子的外墙拼贴墙砖，在拼搭中解决图形缺少的问题。

三、幼儿操作情况

1. 活动经验积累

（1）对于正方形、长方形、圆形、椭圆形、梯形、半圆形、三角形这7种图形的特征基本了解。

（2）幼儿拼搭物体能力逐渐增强，拼搭的物体更为复杂、使用的图形片块数和种类增加了。

2. 出现的问题

（1）对于图形的命名还不清楚，尤其是梯形、椭圆形的命名错误率较高。

（2）在拼搭物体时，对于图形的部分与整体的关系难以理解，例如：缺少了大圆形，不会使用两个半圆形进行拼搭，而是用小圆形替代，或者干脆空着不拼搭。

《数学园地》中学具材料的投放——鱼形卡片

回民幼儿园　宋　艳

《数学园地》这套学具主要功能之一是让3—6岁幼儿积累各种数经验，但是不少老师在运用这一套学具的时候还是遇到不少的困惑，尤其在如何投放这些学具时存在许多问题，很多老师把现成的材料直接给幼儿操作，投放后却发现幼儿并不像我们想象的那样喜欢这些数学材料，于是去操作材料的幼儿就大大减少，积累数学经验的目的也就大打折扣。究竟如何投放这些数学材料呢？以下与大家分享中班《数学园地》中的有数数功能材料的投放方法。

我们都知道掌握10以内数数是中班年龄段幼儿所需要的，这似乎十分简单，其实要正确而迅速地数数并不容易，幼儿需要在一个比较长的时间内，在宽松的环境中广泛接触学具，大胆探索各种数数方法，才能积累相关经验。在中班阶段的《数学园地》中就有不少具有让幼儿积累数数经验的材料，如：鱼形卡片、数字点子卡、点子接龙卡、点数物图形组、数数看材料组、拼图等。于是我首先找出了这些有数数功能的材料，在此基础上，我又考虑投放的材料必须是幼儿即使不经教师提示，也能借助学具所暗示的条件运用数数经验；同时材料必须趣味性强，这样幼儿在自由选择、自主操作中，才能有兴趣地反复练习、运用。因此我结合当时正在展开的“动物”、“我爱我家”以及“秋天”的主题，为这些材料适当添加一些辅助物，稍加变化进行投放，已达到幼儿有兴趣反复练习，积累数数经验的目的。以“鱼形卡片”为例，我将一份材料变成了四份材料。见图：

学具一：

名称：小鱼排队

材料：
鱼形卡片一套，提示卡若干（辅助材料）
数学功能：
积累10以内数序经验
玩法：
提示卡上画有小鱼排队的顺序，幼儿按照提示卡摆放鱼形卡片。
学具二：
名称：企鹅捉鱼

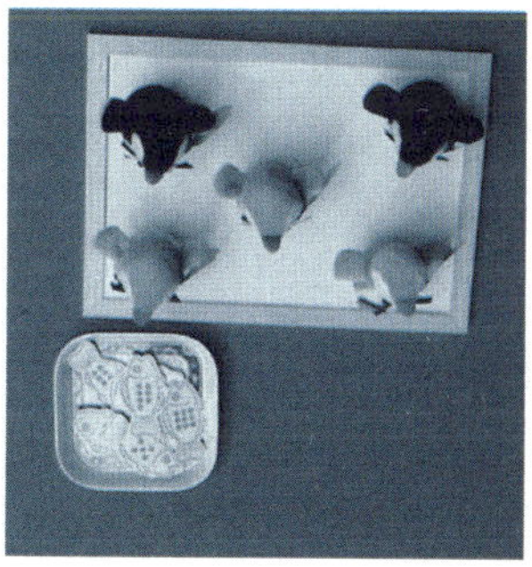

材料：
投放一套拆开的鱼形卡片，企鹅5只，企鹅手上有数字鱼（辅助材料）
另一套投放一套拆开的鱼形卡片，企鹅5只，企鹅手上有点子鱼（辅助材料）
数学功能：
积累10以内数数经验
玩法：
幼儿对应企鹅身上的数字鱼或点子鱼捉对应的鱼。
学具三：
名称：小鸭吃鱼

材料：

鱼形卡片若干套，制作一些以群出现的小鸭（辅助材料）

数学功能：

积累10以内数数经验

玩法：

幼儿对应小鸭的数量喂鱼。

学具四：

名称：小鸭找朋友

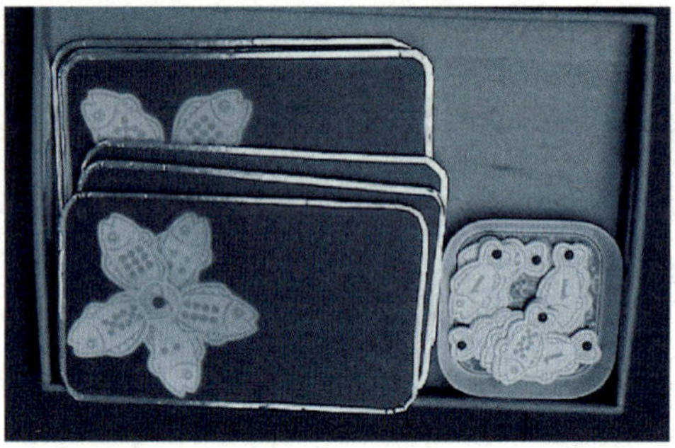

材料：

鱼形卡片若干，提示卡上有不按顺序排的鱼形卡（辅助材料）

数学功能：

积累10以内数数经验

玩法：

幼儿用鱼形卡片按照照片鱼形卡片的样子进行摆放。

用同样的方法，我还投放了其他数数材料。这些材料既有趣味性，又有让数功能大大发挥的作用，幼儿在操作过程中数数的能力也大大提高。

学具1

5只猴子

云台幼儿园　张玫红

学具介绍

● **学具名称：5只猴子**

5张卡片上分别有5只站立、动作一致的猴子，它们同时具有6个不同差异的外显特征：身高差异、胖瘦差异、尾巴长短差异、脚的大小差异、眼睛大小差异、帽子的大小等差异。

● **数学功能**

5只猴子进行多次差异排序。每只猴子都能排在第一，因为每只猴子的身上有一个特征是5只猴子之最。它们分别是：身高最高的猴子、最胖的猴子、尾巴最长的猴子、脚最大的猴子、眼睛最大的猴子、帽子最大的猴子。

使用策略

1. 适用性

开展中班主题《在动物园里》，先投放3—4套在低结构活动中，大部分幼儿操作后，再提供这些学具在高结构活动中，同时幼儿必须有根据事物单一特征进行排序的经验。

2. 呈现方式

一套学具放置在一个托盘内，并能在托盘内一字排开。

3. 教师的指导策略

在低结构活动中引导幼儿发现5只猴子明显的特征：如高矮、胖瘦、帽子大小、尾巴长短。能听懂教师"排排队"的操作指令，按自己已有的排序经验根据猴子的某一特征，通过目测比较的方法进行排序。

在高结构活动中以问题情境贯穿始终，围绕这一问题，引发幼儿进行多次排序，在交流分享中发现原来每只猴子都能当领队。并在高结构活动中学习用语言进行正确的表述：最高、矮点、再矮一点、再矮一点、最矮。

集体活动设计意图

1. 分析幼儿操作行为

在区角游戏中，从幼儿一看到猴子卡片的瞬间表情，可以知道幼儿非常喜欢5只猴子的可爱形象，说明幼儿对这套活动材料有初步的兴趣。幼儿在观察后能发现5只猴子不同的、明显的特征：如高矮不同、胖瘦不同、帽子大小不同、尾巴长短不同。对于脚的大小和眼睛的大小这两个细微的特征较难发现。活动中幼儿能听懂教师"排排队"的操作指令，心领神会地根据猴子的某一特征来排序。但是中班幼儿思维稳定性不强，对某一特征的持久性差，所以排的时候，往往会先按高矮的特征排序，2–3个后又按胖瘦的特征排序，出现排序的错误。这也是幼儿的共同倾向的问题。

2. 解读幼儿认知水平

由于5个猴子的身上都具有5种特征，致使幼儿在按某一特征排序时的干扰较大，能排除干扰，坚持按某一特征排序成了幼儿在活动中的难点。

3. 联系主题经验与要求

中班主题《在动物园里》的内容与要求是：观察了解动物特征，关注它们不同的特征，并比较异同。显然观察特征，比较并发现异同始终贯穿于低结构活动的操作进程中，数学教育目标与主题活动的要求这样一致，于是我们将它们有机融合起来，并从低结构活动走向另一个高结构活动——《谁来当领队》，让幼儿与教师一起解决在低结构活动中存在的共同倾向问题，那就是不能排除干扰，坚持按某一特征排序。

实践案例

活动名称：谁是领队（中班）

云台幼儿园　张玫红

活动目标

1. 能排除干扰认定某一特征进行多次差异排序，尝试用语言表述序列的变化。
2. 体验五只猴子都能当领队。

活动准备

5只猴子卡片、操作版、标记贴

活动过程

一、为5只猴子取名

（出示5只猴子图片）

1. 猴子表演队来了五只不一样的猴子，为了方便表演，我们先给每只猴子取名。
2. 要求：名字好听又简单，一说这个名字就知道是他。
3. 和孩子交流并认同5只猴子的名字：高高、胖胖、大脚、长尾巴、大帽子

小结

仔细观察后取的名字真好，好听、简单又方便，而且他们的名字正好是每只猴子身上最特别的地方啊。

关键提问：猴子表演队今天要表演的节目是跳舞，大家要一个接着一个排好队出场，可是谁排在第一来当领队呢？你觉得谁来当领队呢？（幼儿推测）

二、高高当领队

1. 观察比较，集体操作演示，进行从高到矮的排序

关键提问：高高当领队排在第一，接下来应该是谁呢？为什么？接着是谁……

2. 学习表述5只猴子的身高特征“最高、矮了、矮一点、再矮一点、最矮”。

小结

如果高高排在第一当领队，按照高矮的顺序从高到矮排队出场。队伍十分整齐，大家说高高能不能排在第一当领队呀？

过渡：高高当了领队十分开心，可是胖胖、大脚、长尾巴、大帽子它们也想排在第一当领队，他们可以吗？

三、我来当领队

1. 幼儿第一次操作尝试

关键提问：它们可不可以排在第一当领队呢？你愿意来帮助谁？如果他排在第一当领队，后面的队伍应该怎么排呢？

2. 分类展示幼儿操作板（谁是领队就展示在这只猴子的下面）

关键提问：你帮助谁？（胖胖）是领队，接下来又是谁？是按什么来排的？

小结

如果胖胖排在第一当领队，按照胖瘦的顺序从胖到瘦排队出场。胖胖也能当领队。

过渡：我们只帮助了一只小猴当领队，而且都说出了他能排在第一当领队的理由，知道它也可以当领队，是不是每只小猴都能排第一来当领队呢？

三、我们都来当领队

1. 幼儿第二次操作尝试

要求：鼓励幼儿帮助不同的猴子排在第一当领队，边排边说说谁排在第一，按什么顺序排的。

小结

原来只要大家仔细观察比较，每只猴子都能排在第一当领队啊。

2. 分享故事结尾

就在这时，演出开始了，猴子表演队的5名演员个个精神抖擞，在表演舞蹈时它们一会儿按高矮排队形，一会儿按胖瘦排队形……每只猴子都能当领队排队形，出色的表演博得了观众热烈的掌声。

学具2

几何图形片

奥林幼儿园　沈文茜

学具介绍

● **学具名称：几何图形片**

图形片套装共60件

圆——8件4大4小

椭圆——8件4大4小

半圆形——8件4大4小

三角形——直角4件　直角等腰4件　等边三角形4件

长方形——8件4宽4窄

正方形——8件4大4小

梯形——8件4等边 4直角

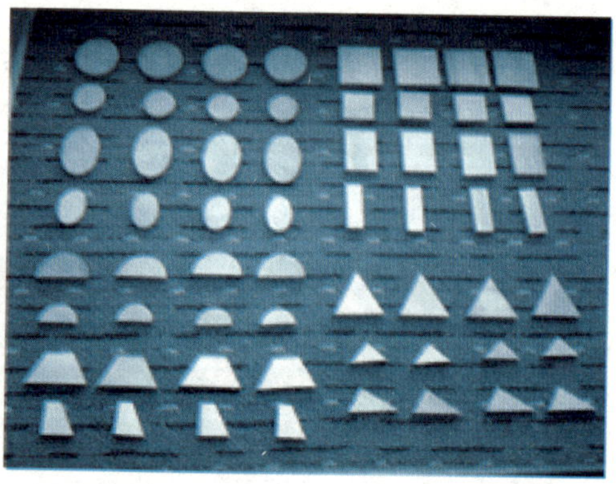

● **数学功能**

图形宝宝分家家——这套材料能将图形片的数量、形状特征等事物之间的不同特征鲜明地凸显出来，使幼儿能注意到图形片的这些特征，感受到蕴含于图形片中的数量关系，形状特征和大小关系，从而有助于幼儿数概念的建构。让孩子在观察材料不同特质的过程中，在求异的过程中发现相同点，进行多重分类。

使用策略

1. 适用性

多重分类内容符合大班幼儿年龄特点。这套图形片的数量较多，不宜整套投放。可依据材料的特征调整图形片，将它拆分为4套分类材料，大量减少图形片数量和种类。不同特征的图形片组合，凸显不同特征，让幼儿能快速感受到图形片中的数量关系，形的特征和大小关系，从而帮助幼儿分类概念的建构。

2. 呈现方式

衡量幼儿分类经验的积累，兼顾幼儿个体差异，提供有阶梯的材料，部分材料有挑战性，能帮孩子建构分类新经验。把这套学具拆分组合成了以下4套学具：

第一套：圆和正方形——大小、形状各不相同；

第二套：椭圆和长方形——大小、形状、宽窄各不相同；

第三套：圆、半圆、等边梯形和直角梯形——大小、形状各不相同；

第四套：等边、直角等腰、直角三角形——大小、形状各不相同。

3. 教师的指导策略

（1）解读学具，实现数内容与学具间最紧密最有效的联系

在实践操作中孩子的表现并不能如愿以偿，拿到图形片后大部分孩子会直接地用图形片进行拼图。或许是孩子已有的经验积累深刻在脑海里，拿到这份学具时孩子的第一反应就是玩拼图，从而忽略了分类和分类盒的存在。也可能是教师材料提供太多或不恰当，误导了孩子的操作。

（2）开发学具的功能，提高学具的有效性

大班的孩子在分类学习上的要求是继续学习多重分类和按物体的一个特征进行肯定与否定标准的分类，尝试寻找多种特征，变通多种分类方法。我们必须解读材料，理清目标，投放特征明显、适量、适合多次分类的材料。

（3）提供递进性、层次性的学具是实现幼儿有效操作的最根本途径

学具作为幼儿开展自主学习活动的物质基础，是幼儿建构概念的依托。幼儿就是在

不断地操作学具的过程中获取信息、积累经验和发展能力的。因此学具是促进幼儿发展的工具。有效的选用、组合学具才能激发幼儿不断探索的活动欲望，使幼儿不由自主地产生“我要玩一玩”的想法，并且在与学具的互动中发现问题、思考问题、解决问题，进而使幼儿的能力也得到提升。一套学具的拆分方法有很多种，可以从单一维度特征拆分，也可以多重维度特征拆分，应考虑孩子现阶段分类的经验水平进行投放。

实践案例

活动名称：搬家（中班）

彭浦实验幼儿园　徐　萍

设计意图

在图形片的个别化操作中，孩子们对于图形的命名还不清楚，尤其是梯形、椭圆形的命名错误率较高。此外在拼搭物体时，对于图形的部分与整体的关系难以理解，为了解决这些问题，同时结合中班《我爱我家》主题内容，我设计了本节活动。

本活动，以帮助朋友搬家的情节为主线，引导幼儿用图形片搭建了许多家具、电器、生活用品……送到家中的每间房间中去，在了解自己家中每间房间功能的同时解决图形命名的问题，通过问题设置，让孩子在操作、交流、梳理中理解图形的部分与整体的关系。整个活动情景贴近孩子的生活，在积累数经验的基础上又加深了自己对家的了解。

活动目标

1. 乐意用图形片拼搭家中的物品，学习正确命名，初步体验图形的整体与部分的关系。

2. 感受帮朋友成功搬家的快乐。

活动准备

PPT、底板若干、图形片若干，桌椅若干、黑板架、房间标示等。

活动过程

一、情境导入、回顾交流

提问：丽丽要搬新家了，一起来看看丽丽家有几间房？这些房间有什么用？

小结

丽丽家的房间真多，有厨房、卧室、卫生间、客厅、餐厅，每间房间的用处都不一样。

二、第一次搬家——自主拼贴家中物品

1. 今天，丽丽会搬许多东西到每间房间，想一想她会搬些什么呢？请你用图形片拼一拼的方法告诉大家。

2. 幼儿拼贴。（提示：请你想一想，你帮丽丽搬什么东西？可以送到哪个房间？）

3. 分享：

——你搬了什么？送到了哪里？

——你用了哪些图形？每种图形有几块？（纠正图形的命名）

小结

丽丽会搬许多物品到新家去，有的是家具，有的是电器，还有的是生活用品，这些都可以用各种图形拼搭出来。

三、第二次搬家——按要求拼搭物品

1. 丽丽还要搬一些东西到新家，请你们帮帮忙，拼好后送到她的家里哦！

2. 幼儿拼搭。（提示幼儿想一想，自己搬的是什么？应该送到哪个房间？）

3. 操作后交流

提问：你搬了什么？送到了哪里？在拼搭的时候有什么问题吗？你是怎么解决的？提示幼儿，说说缺少了什么图形，用什么图形代替。（教师梳理：没有圆形，可以两个半圆形拼在一起；没有长方形，可以用两个小正方形拼在一起。）

学具2

小结

小图形拼在一起正好和大图形的大小一样，用拼一拼、换一换的办法很方便。有了你们的帮助，丽丽今天顺利搬好了家，谢谢大家。

印章组

北蔡幼儿园　施　敏

学具介绍

● **学具名称：印章组**

配有8种印章，有着有趣可爱的图案（叶子、花朵、兔子、鸭子、小鱼、汽车、爱心、五角星），还配备了两盒不同颜色的印泥。

● **数学功能**

数：默数、按数印章、接着数、认识数序，呈封闭状排列物体的数数。

排序：模式排序、填空排序、创造性排序。

使用策略

1. 适用性

可根据不同年龄段的数要求或主题内容的需要，选择不同数量或图案的印章。

小班：可一一对应的印章，进行手口一致的点数练习，如一只小猫喂一条鱼。

中班：可进行各种数数方法的练习。

大班：加法意义的理解。左边印3朵蓝花，右边印5朵红花，一共有8朵花，3+5=8。

学具3

2. 呈现方式

（1）提供同一数数内容下的不同形式的操作材料，材料多而不重复，且具有层次性，让幼儿积累多次数数的经验，及拥有反复练习数数的机会。

（2）提供可以印章的辅助材料

情景性辅助材料：小猫钓鱼、小猫晒鱼干、小兔子吃萝卜，给小动物穿新衣服，串项链。

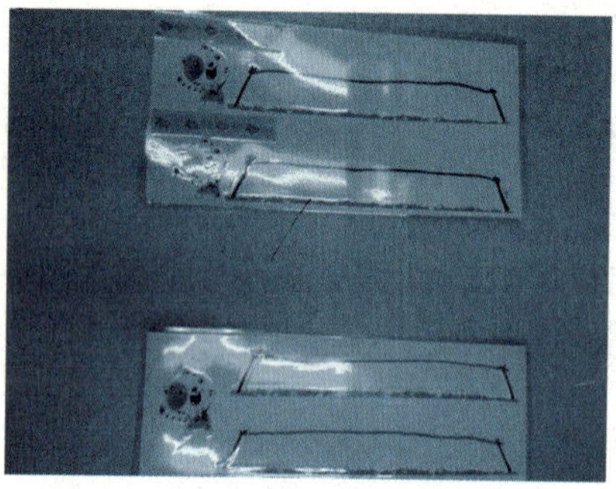

较抽象性辅助材料：印章“上班”、印章“开火车”。

●●	
●●●●	
●●●	
●●●●●	

1	2			5

5	
3	
6	
7	
4	

5	●●
7	●●●●
6	●●
8	●●●
9	●●●●

3. 教师的指导策略

我们可以从幼儿选择材料、如何操作的过程中，发现幼儿智力的现有水平，及幼儿面对新的挑战时的解决方法，以了解本班幼儿数经验的积累方式。

（1）幼儿选择不同的操作材料后，有着不同的反应，其实无论哪一种方式，都是中班幼儿年龄特点的体现，幼儿往往会选择自己最有能力完成的材料，增加了幼儿学数的兴趣；也培养了幼儿观察、理解的能力，为以后学习习惯的养成打下了良好的基础，也有利于培养幼儿养成独立思考的习惯。

（2）同时我们还可以发现不同水平的幼儿所呈现出的数数方式也是不相同的。有的还停留在小班的水平——手口一致的点数，有的可以通过目测、默数等方法进行数数，有的对抽象的数字已经很敏感，有的对数字实际表示的意思还不太理解……我们可以根据幼儿的情况，及时地跟进或调整接下来的其他数活动。

（3）在排序活动中，我们最关注的是幼儿排序的持续性，往往很多幼儿排到最后的时候模式就已经完全不一样了。通过观察我们发现使用印章时，似乎幼儿排序的持续性能坚持得更久一些。但在提供印章时，也需要尽量提供只在模式中的两个（三个）印章，让能力较弱的幼儿可以直接拿取印章，不在选择印章上造成干扰，避免他们在选择的过程中遗忘模式。

实践案例

活动名称：农场里的好朋友（中班）

北蔡幼儿园　施　敏

活动目标

1. 根据实物、数字和点子的多少来敲印章。
2. 发现数序暗示，根据需要来敲印章数量，完成数序列。

活动准备

印章组、情景操作纸张若干。

活动过程

一、逛逛农场——引发使用印章兴趣

1. 出示背景图，这是哪里？谁会住在里面？
2. 你怎么知道这是小兔子、小鸭子、小鱼住的地方？
3. 谁想请小动物住进去的？（初次使用印章）

二、给小动物喂食——数字和点子的多少，来敲印章

1. 情境导入

住进新家真开心，小动物们开始请朋友来做客。

2. 敲小兔印章

——看看小鸭子的好朋友是谁？（出示胡萝卜）小鸭会请谁来？为什么？

——每只小兔吃一根胡萝卜，能请几只小兔呢？

——幼儿根据实物多少敲小兔印章。

3. 敲小鱼印章

——看看小鱼在哪里做游戏？（出示泡泡“点子”）

——每条小鱼都躲在一个泡泡后面做游戏，能来几条小鱼呢？

——幼儿根据点子多少敲小鱼印章。

4. 敲小鸭印章

——看看小兔子为小鸭子准备的是什么？（出示小鱼群，数量控制在10以内）

——每只小鸭吃一条小鱼，能请几只小鸭呢？

——幼儿根据实物多少敲小鸭印章。

三、小动物乘火车——发现数序暗示，根据需要来敲印章数量

1. 吃的真饱！小动物们决定出门走走玩玩，他们要乘什么车？小动物该怎么乘车呢？

2. 幼儿自主解读操作材料，发现数序，根据需要来敲印章。

3. 集体验证。

几何立方木块

东余杭路幼儿园　段旖旎

学具介绍

- **学具名称：几何立体木块**

不同大小（厚薄）正方体、长方体、球体、圆柱体木块，串绳。

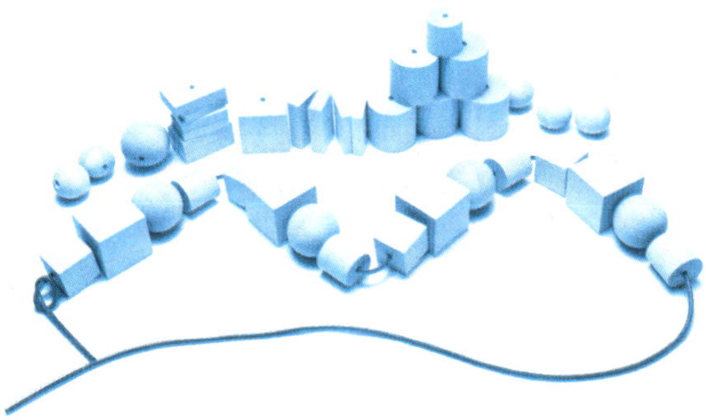

- **数学功能**

1. 认识不同的几何形体。
2. 将不同的形体分类。
3. 进行模式排序。

使用策略

1. 适用性

年龄阶段：大班

大班的幼儿对平面图形的认识已经到了一定的阶段，可以将一些基本的几何立体图形让幼儿接触。适用主题:《我是中国人》、《我们的城市》、《有用的植物》。

《我是中国人》——结合中国特色的建筑,中国名胜古迹图片,说说这些建筑中哪些地方用到了这些几何形体。寻找相仿的几何立体图形进行模仿构建。

《我们的城市》——结合分主题"老房子、新建筑"、"畅通的路"等内容,找找几何形体在现在城市建设中的缩影,并进行构建。

《有用的植物》——结合"街心花园"分主题,开展为小区花园设计漂亮的围栏等低结构区角活动。

2. 呈现方式

方式一:教师在操作盘中加入一个摸袋(在摸袋中放入几种不同的几何立体木块),和四个形体木块图例的分类盒。

方式二:准备一些其他材质的形体玩具或积木混放在摸袋中,增加难度。同时拓展这些几何立体木块的外延。

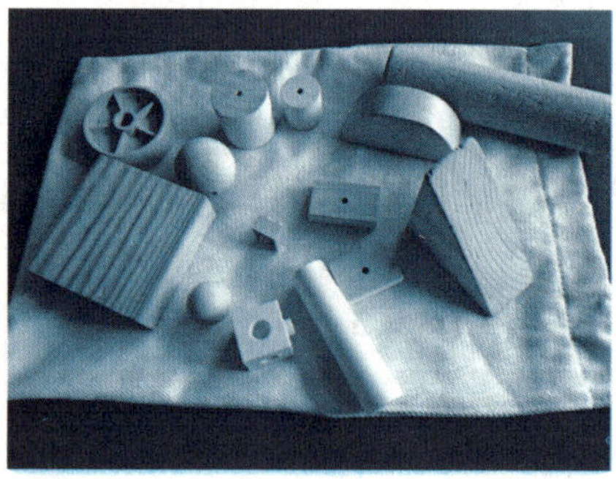

方式三:拍摄一些几何立体木块构建的房子的造型图片。两名幼儿合作游戏,中间有一遮挡物。幼儿A当工程师,取出一张建筑图片,并逐一按木块的形体和所安放的位置描述给幼儿B。幼儿B成为小小建筑师,按照幼儿A的指令摸出几何立体木块,并摆放在相应位置上。

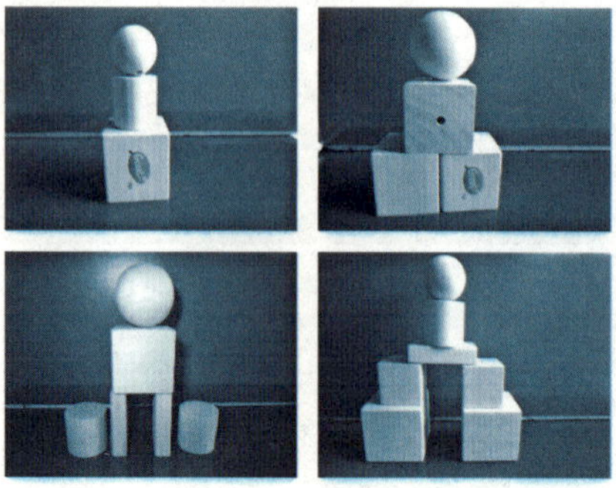

3. 教师的指导策略

（1）增加辅助材料，提高操作兴趣性及学具有效性。

上述片段中有很多增加的辅助材料：摸袋、分类盒、排序图例等。增加的目的，是使学具呈现出新鲜的感受，让孩子们的操作一次又一次地推进，并通过不断调整辅助材料，使孩子在操作过程中，获得玩之不尽的乐趣。

（2）改变操作方式，增强学具操作性。

以往的学具操作我们都提倡孩子的个体建构，很少会有合作完成一份材料的情况，而这套材料打破了我们的固有思维模式。在和孩子们一起发展共同分享的前提下，制定了合作游戏的新玩法，使学具更具操作性和生命力。

（3）添加游戏情境，激发操作原动力。

最初，幼儿会将立方体与平面图形混淆，四种几何体可以逐一选用。教师可以根据幼儿的学习和思维特点，适当添加游戏情节，赋予学具操作生命力，如“盲人找形状”、“形体找家”、“串项链”、“夹珠子”、“建筑搬运工”、“你说我做”、“小小建筑师”等游戏场景和游戏名称。教师变换角色身份，成为孩子的伙伴，并为他们添加游戏情境，激发孩子们操作、使用学具的动力。

实践案例

活动名称：二人转（大班）

松江区维罗纳幼儿园　胡筱彦

活动说明

立体木块是数学园地大班幼儿操作材料中孩子最喜欢的材料之一，孩子们在低结构活动中不断把玩立体木块，对立体木块的特征、特性有了初步的感知，不断利用立体木块进行垒高等搭建活动，空间方位也有了进一步的发展。

《3—6岁儿童学习与发展指南》中数学认知领域目标三“感知形状与空间关系”指出：5—6岁幼儿能按语言指示或根据简单示意图正确取放物品；社会领域目标二“能与同伴友好相处”中指出：5—6岁幼儿活动时能与同伴分工合作，遇到困难能一起克服。故设计《二人转》活动，期待通过活动在三方面推动幼儿的发展，即：(1) 幼儿对空间方位的感知与理解；(2) 幼儿对几何形体的正确命名和对空间方位的合理表述；(3) 幼儿合作意识与能力。

学具4

活动目标

根据示意图尝试用正确的语言表述和用立体木块摆放位置，积累合作构建的经验。

活动准备

立体木块若干；示范图若干；黑板。

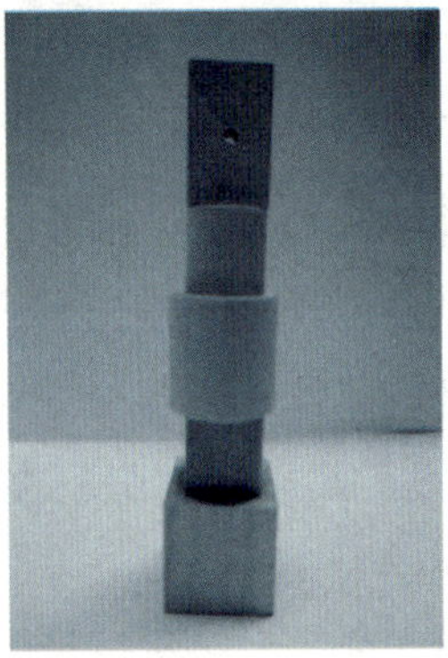
1

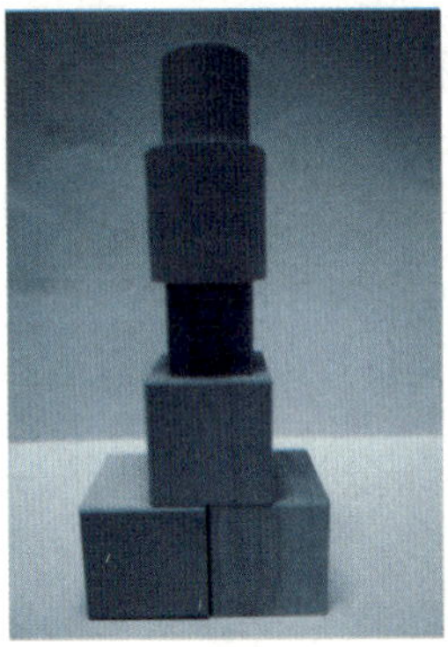
2

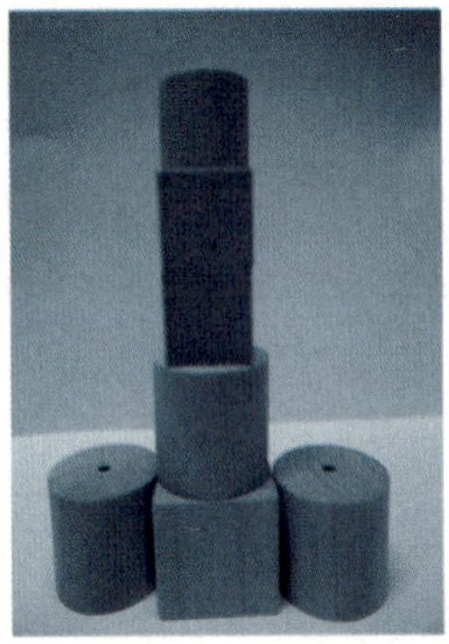
3

4

5

6

活动过程

一、玩玩几何形体

试着按老师的指令，从篮子中拿出相应几何形体，并用几何形体拼拼搭搭。

（此环节重在复习几何形体的名称、基本方位）

二、我说你搭

1. 示范、介绍二人转游戏

幼儿两人一组，在教师指导下示范游戏。（示范图1）

游戏规则

（1）负责说的人，到黑板（黑板背对所有幼儿）上去看图，然后回到座位上告诉朋友“拿几个形体、放在哪里，怎么放”，只能动口，不能动手。

（2）负责搭的人听仔细，按指令用几何形体拼搭。

（此环节重在帮助幼儿了解游戏规则。）

2. 分组进行游戏

（分别出示示范图2—6）

预设小结：

（1）负责说的人，尽量说清楚有几个形体、放在哪里，怎么放；负责搭的人要听清楚朋友的话。

（2）当有前后两排的时候，除了说清楚形体，更要说清楚放在哪里，是前排还是后排。

（3）负责说的人一下子多记住几个形体，就能缩短时间，很快完成任务。

（4）一样的形体用一句话简单地说清楚，可以节省很多时间。

（此环节为重点环节，根据幼儿当时游戏情况进行小结提升，侧重提升表述水平。）

三、活动延伸

投放其他示范图入区角游戏中，让幼儿自主结伴继续玩。

活动建议

1. 所选图示随着游戏进行，难度递增。但难度不是既定的，而是基于教师在低结构活动中发现的幼儿困难点进行相应的调整。

2. 教师必须在幼儿操作过程中倾听幼儿之间的表述，以准确抓住幼儿经验，进行共享，促进幼儿互学共长。

3. 若幼儿无法正确完成示范图6的游戏，则延伸活动需多一环节，即：请幼儿回去继续想想该怎么说能让同伴听得懂，搭得快。

学具5

袜子配对

浦南幼儿园　沈　丽

学具介绍

● **学具名称：袜子配对**

包含10双大小相同，颜色、花纹不同的袜子：爱心、条纹、波点；

木制夹子10只；

2块镶嵌袜子的底板。

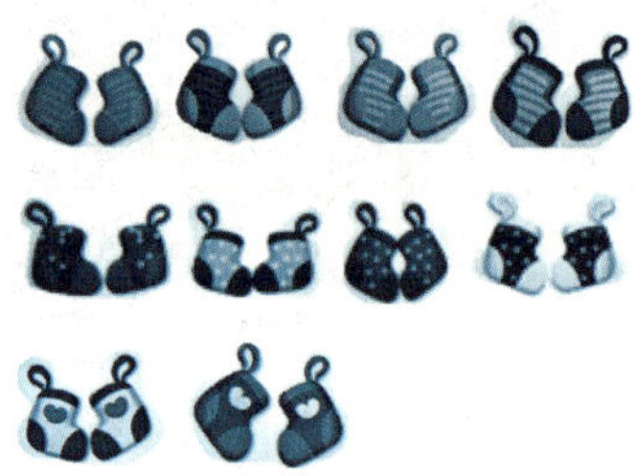

● **数学功能**

1. 按照袜子的颜色、花纹进行配对。

2. 按照底板的颜色、排列方向将袜子进行镶嵌。（形状、颜色的匹配）

3. 数袜子。（手口一致点数）

使用策略

1. 适用性

适合小班幼儿操作。根据幼儿的年龄特点和个别差异，初期可先投放3—5双袜子，花纹种类1—2种，不投放底板；逐渐增加袜子的数量和花纹的种类，增加投放底板，拓展玩法。

2. 呈现方式

分别放置在三个箩筐中的物品有：袜子、底板、夹子，便于幼儿拿取、操作。（袜子数量可增减。）

创设“晾衣架、袜子收纳柜”，增加生活化的游戏情境。

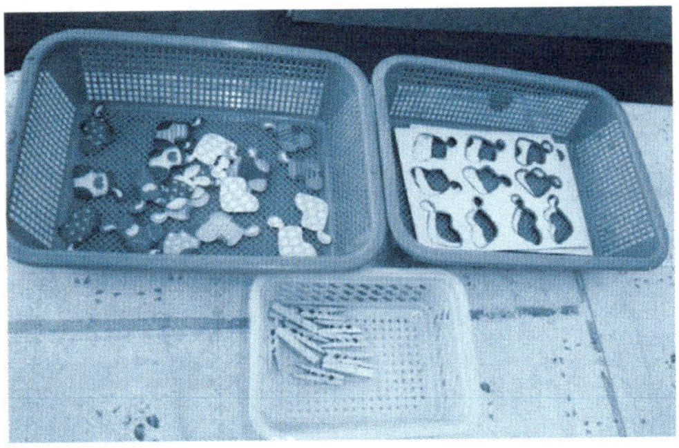
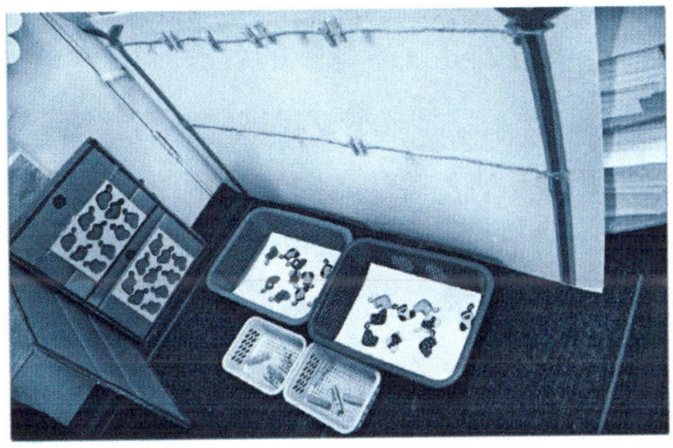

实践案例

活动名称：袜子配配对（小班）

浦南幼儿园　沈　丽

学具玩法一：晾袜子

活动准备

1. 创设生活化的游戏情境——晾衣架
2. 提供3–5双袜子，花纹种类1–2种。
3. 袜子、夹子分别放在两个箩筐。

活动目标

1. 按照袜子的颜色、花纹进行配对。
2. 尝试将袜子用木夹夹在晾衣架上。

活动过程

——关键提问

1. 妈妈洗了好多袜子，太阳出来了，一起来把袜子晾起来晒晒干。

（结合生活化的情境导入激发兴趣）

2. 这些袜子有什么秘密？

（引导幼儿观察袜子的各种特征：颜色，花纹等）

3. 该怎么把袜子晾起来呢？有什么好方法？

（启发幼儿关注不同箩筐的材料，引导幼儿按照袜子的特征进行配对，并能用夹子夹住，配成一双）

——重点小结

原来晾袜子的时候我们要把颜色一样，花纹一样的两只袜子分别用木夹住，配成一双，这样又好看整理起来也很方便。

温馨提示

根据幼儿的年龄特点和个别差异，初期可先投放3–5双袜子，花纹种类1–2种，之后逐渐增加袜子的数量和花纹的种类，增加玩法难度。

学具玩法二：收袜子

活动准备

1. 创设生活化的游戏情景——投放底板，将底板制作成“袜子收纳柜”

2. 提供3–5双袜子，花纹种类1–2种。

活动目标

1. 按照袜子的颜色、花纹进行配对。

2. 将袜子与底板的洞洞进行匹配并镶嵌其中。

活动过程

——关键提问

1. 太阳快下山了，袜子都晒干了，赶紧收起来吧。

（结合生活化的情境导入激发兴趣）

2. 怎么整理这些袜子？袜子和柜子有什么秘密？

（引导幼儿观察袜子的特征以及收纳柜底板的特征，启发幼儿按照袜子的颜色和花纹配成一对，并与底板的颜色花纹进行匹配）

3. 怎么把袜子收到柜子里？

（引导幼儿用“镶嵌”的办法将袜子收进底板）

——重点小结

原来收袜子的时候我们也要把颜色一样，花纹一样的两只袜子配成一双收起来，要注意袜了的颜色花纹要和柜子的颜色花纹相匹配，这样既整洁美观找起来也很方便。

温馨提示

1. 根据幼儿的年龄特点和个别差异，逐渐增加袜子的数量花纹的种类，增加底板收纳柜的数量，增加玩法难度。

2. 游戏后期：提供数字点子卡片。将游戏玩法拓展“数袜子”，观察幼儿是否能用手口一致的方法点数袜子的数量，并能找到相应的数字卡片。

教师的指导策略

▲ 游戏初期：情境实录——晾袜子

材料投放：

（1）撤掉底板，创设生活化的游戏情境，提供3—5双袜子，花纹种类1—2种。袜子、夹子分别放在两个箩筐。

（2）观察幼儿是否能根据袜子的颜色、花纹进行正确的配对，并将袜子夹在晾衣架上。

游戏实录：

小A从箩筐里取了一只袜子夹在绳子上。小B手里也拿了一只袜子。他把袜子夹在小A的边上。

“你不要把袜子晾在我这里。”小A说。小B不解。“你的是橘色的，我的是红色的。我妈妈给我穿袜子的时

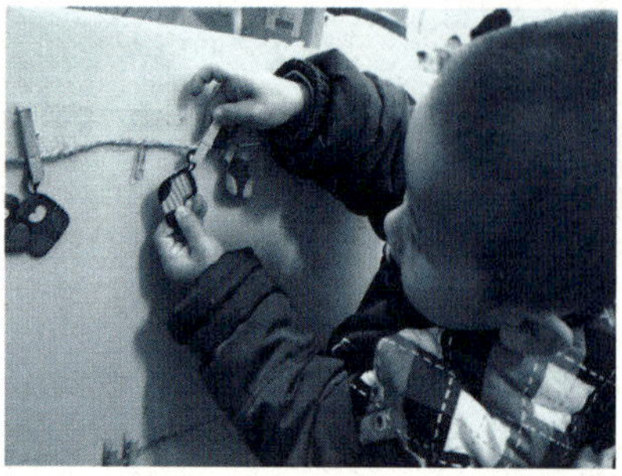

候两只是一样的，晾在外面也一样的。”小A边解释边在箩筐里找到了另一只底色是红色的袜子夹在了刚才的旁边。

接着小B立马学着小A的样也在箩筐里翻找，他找到一只和刚才那只底色一样的橘色袜子夹了上去，晾衣架上出现了底色一样花纹不一样的两只袜子。小A马上发现了问题，“你的颜色不一样的，不能在一起。”小B看了看，拿下衣架上的袜子，一会儿他也找到了和刚才一模一样的袜子，高兴地继续玩起来。很快，晾衣架上就挂满了一双一双颜色相匹配的袜子。

分析解读：

1. 从幼儿的操作情况来看：通过“晾衣架”将夹子呈现，不仅大大激发孩子们对该学具的兴趣，更体现了夹子的作用。生活中“妈妈晾衣服”、“穿袜子、晒袜子”的经验给了孩子启发，激发幼儿互动和自主学习的能力。幼儿能主动迁移“袜子穿一双，袜子晾一双”的经验运用到游戏中，体现了袜子配对的教育功能，满足孩子多次练习“使用夹子”、“将袜子配对”的心理和行动上的需求，也为验证带来方便。

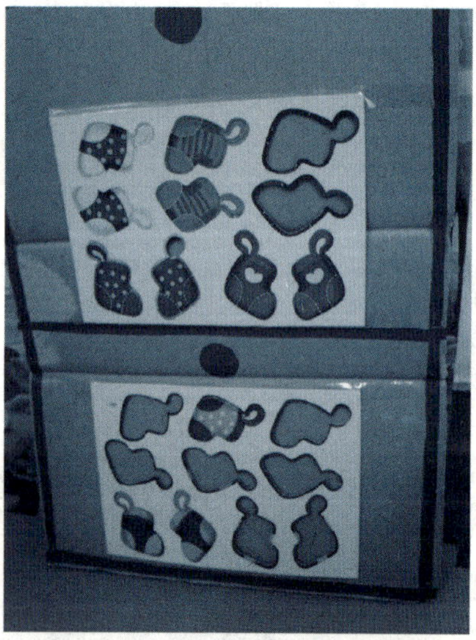

2. 教师的行为：材料的选择性创造性呈现（第二次材料调整）、游戏前新材料的简单介绍（引起对新材料的关注）、游戏过程中适时地互动（孩子对袜子配对出现问题：既要按照袜子的底色、还要考虑花纹，两相配对要求），以适当的语言提示，为两个平行游戏的孩子建立桥梁，引导同伴之间互相发现问题、解决问题。

▲ 游戏中期：情境实录——收袜子、数袜子

材料投放：

（1）袜子数量逐渐增加，花纹种类增多；投放底板，并将底板制作成“袜子收纳柜”，呈现在晾衣架边。

（2）观察幼儿是否能进一步将袜子进行正确地配对，并能将袜子与底板的袜子洞洞进行匹配。

游戏实录：

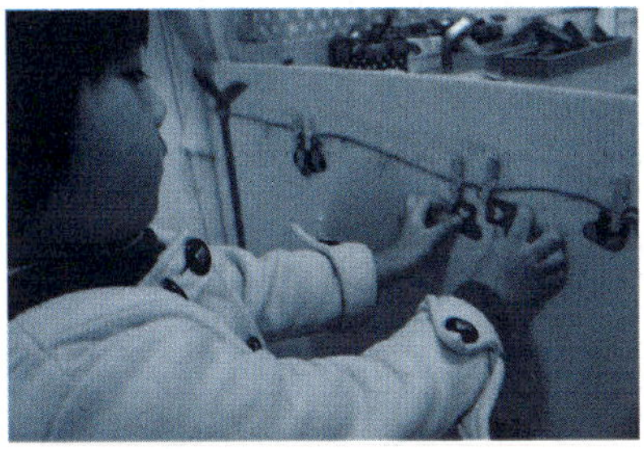

小C来收袜子。他将手里的一只袜子慢慢放在底板的洞洞上，试图想要把袜子嵌进这个洞洞。可是失败了。于是他换了旁边一个洞洞，在上面一比，正正好好，嵌了进去，小C兴奋地叫了起来。小C又从晾衣架上随意取下一只袜子往洞洞里放，他还是像刚才那样比一比后放进去。袜子被嵌进了洞洞。

小D过来了，她也来收袜子，她一下在晾衣架上取下已经配好对的一双袜子，拿起一只看看，再拿起一只看看。同样也尝试将手里的袜子在底板上比划，将一只绿底橘色条纹的袜子嵌进了洞洞。接着就把另一只一模一样的放在刚才那只绿底旁边的洞洞上，轻轻松松放了进去。我给予表扬。“哈哈，1、2、3……8只袜子全部放进柜子了！”

小D可高兴啦，他兴奋地说：“我会收袜子喽！”

分析解读：

1.从幼儿的操作情况来看：

● 有了之前“晾袜子”的实践操作，幼儿积累了一定的袜子配对能力和经验，对袜子的颜色、花纹等特征比较熟悉。此时袜子和夹子数量的增加正好符合孩子的需求，能力较好的幼儿有了新的挑战，激发再次游戏的欲望和多次练习的需要；两个箩筐4双袜子的呈现，为能力较弱的孩子提供一个台阶，既降低一定难度，也能彼此分别取拿，避免争抢。

● 底板再次被关注。变成“袜子收纳柜”自然有了“收袜子”的情节产生。进行新的玩法，挖掘了新的教育价值——迁移生活中“整理袜子”的经验，对袜子进行归类整理，培养幼儿的整理能力。幼儿将袜子放进相应的洞洞里，是“洞洞”与“袜子”形的匹配，以及小肌肉“镶嵌”能力的锻炼。但是两块底板放在一起不方便两个孩子操作。

不同能力幼儿匹配能力不同，如小C比较单一，满足“形”的匹配；小D则是有目的收一双袜子，匹配一只后，把另一只直接放进旁边的位置，既完成了“形”的匹配，又是对配对这个能力的再次巩固。

2.教师的行为：静心地观察幼儿在匹配袜子中发生的问题和行为。适时地语言支

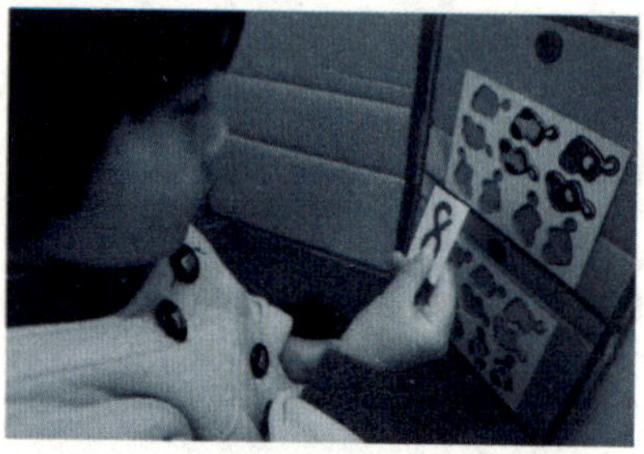

持，帮助幼儿获得成功感。注意倾听幼儿的语言。

▲ 游戏后期：

材料投放：

（1）提供数字点子卡片。

（2）在洞洞边缘可贴上标记：如红底黄爱心，幼儿可根据标记与相对应的袜子进行匹配；也可以直接根据边缘颜色花纹操作。（形、颜色、花纹。）

（3）观察幼儿是否能用手口一致的方法点数袜子的数量，并能找到相应的数字卡片。

分析解读：

幼儿在晾袜子收袜子中自然而然会运用数数的数学经验，后期结合小班学具包中另一个学具数字卡片，丰富游戏情境，幼儿可以在晾袜子收袜子的游戏情境中，数数袜子的数量，从几只几只，到几双几双，练习手口一致点数、数物、点数物对应等能力。

学具6

揭盒盖

东沟幼儿园 蔡春梅

学具介绍

● **学具名称：揭盒盖**

学具中的材料：小木盒和8张操作卡片：

1—6号操作卡，图片的内容涉及水果、蔬菜、家人、玩具、汽车。

7—14号操作卡，图片内容涉及动物、工具、汽车、人物、形体等。

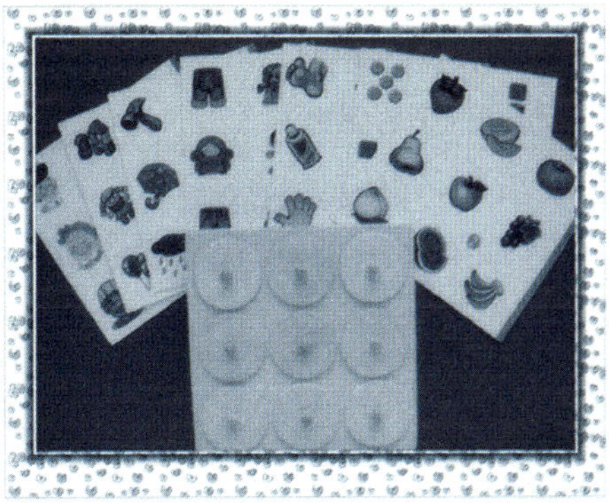

● **数学功能**

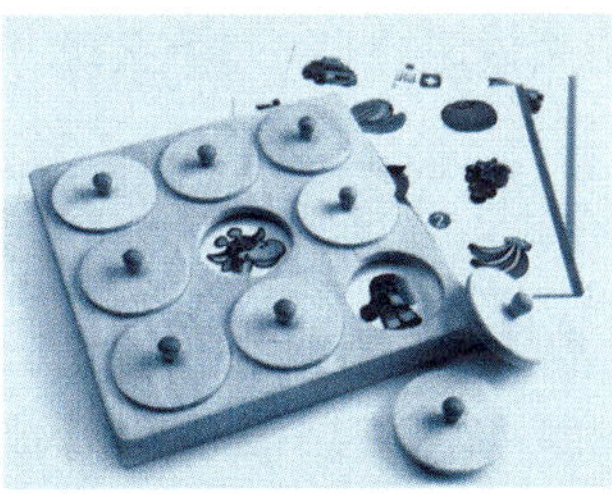

感知方位

配对

认识形体

使用策略

1. 适用性

针对小班幼儿，在材料投放初期，放置木盒及盖子先让幼儿操作，进行一一对应和多少比较。之后教师投放的卡片数量不宜过多，可以先投放1—6号操作卡，幼儿除了可以自由认读图片外，还可以玩揭盖盖猜猜乐的游戏。初步感知物体的位置，如上面、下面、前面、后面，锻炼记忆力。

针对中班幼儿，在“好朋友”主题开展阶段，教师可以有意识地投放8—14号操作卡，引导幼儿两人结伴玩“配对”游戏。

针对大班幼儿，在“我们的城市”主题开展阶段，教师可以投放7号操作卡，幼儿在玩配对游戏的同时，可以进一步复习巩固对形体的认识。结合大班幼儿的年龄特点，教师还可以引导幼儿2—3人合作游戏。

2. 呈现方式

教师可以为幼儿提供一个盘子，便于幼儿整理，特别是小年龄的幼儿，不容易与其他幼儿的操作材料混淆。

3. 教师的指导策略

（1）语言暗示

在活动前，教师可以交代材料的名称，并运用语言暗示材料的其他功能。如：今天是小班孩子第一次玩“揭盒盖”游戏，在活动前，教师交代新学具的名称，边说边用手指了一下盖子，暗示孩子们可以看看盖盖下有什么小秘密。

（2）提问引发

对于不同年龄阶段的幼儿，教师在交代游戏材料时的方法也可以有所不同。如中、大班幼儿，教师在交代材料名称“揭盒盖”后，可以让幼儿自由说说游戏可以怎么玩，拓展幼儿玩的方法。

（3）适时互动

当幼儿的认知还是停留于认读图片时，教师的作用就是寻找介入的时机，灵活运用不同的互动方式激活幼儿的思维，帮助幼儿积累数认知经验。如，针对小班幼儿，教师可以采用“提出问题”的方法。教师可以问：“草莓在哪里？”教师指向的水果是孩子刚刚看过的，幼儿容易回答，能让幼儿获得成功的体验。而紧接着的第二个问题是：“想一想，桃子在哪里？”这一提问就加大了难度，需要孩子仔细回忆图片的方位，才能回答。又如，针对中大班幼儿，教师可以采用“师生合作游戏”的方法。教师可以问：“这个游戏能两个人一起玩吗？怎么玩？我们俩试一试好吗？”……教师静心观察，适时互动，才能有效助推幼儿能力的发展。

实践案例

活动名称：揭盒盖（小班）

东沟幼儿园　蔡春梅

年龄段：小班

设计思路

在个别化学习中，教师投放了揭盖盒的游戏材料。在幼儿与材料的互动中，幼儿对揭盖盒材料的内容、玩法等都有粗浅的了解。如：他们会为盖子排排队、说说盖子下面图片的内容，在与老师的互动中知道还可以“玩盖一盖、想一想，图片躲在哪个盖子下面”的游戏。本次活动，重在利用学具揭盒盖，在趣味游戏中帮助幼儿积累一一对应比多少的经验。

活动目标

1. 在“开开盖盖”的游戏中，尝试一一对应比较物体的多少。
2. 感知简单方位，根据提示卡摆放盖子。

活动准备

学具揭盒盖、卡片

活动过程

一、小洞洞的秘密

1. 介绍学具揭盒盖。
2. 玩玩点洞洞：点点小洞洞。

二、小盖子的秘密

1. 给小洞洞盖上盖子。

2. 一一对应比较多少。

师：盖子都盖上了吗？盖子多了，还是少了？

3. 请有多盖子和少盖子的孩子将盖子一一对应配齐。

三、小点子躲猫猫

1. 介绍"小点子躲猫猫"游戏的玩法。

2. 根据提示卡上的点子盖盖子。

学具7

三角对对碰

回民幼儿园　宋　艳

学具介绍

● 学具名称：三角对对碰

学具由10片三角形片组成，每片三角形片的三条边上，分别有数字、算式题和点子。

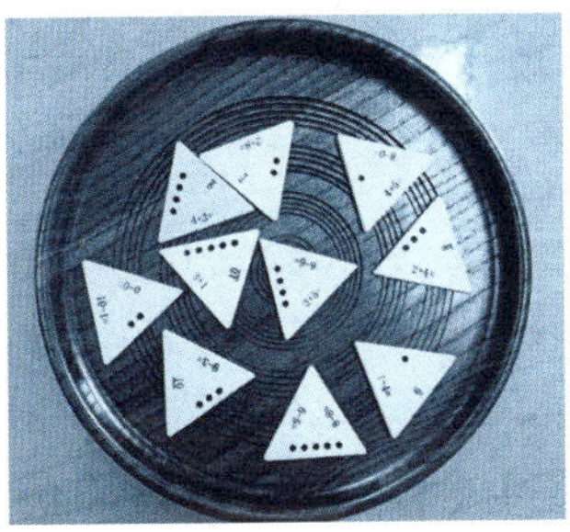

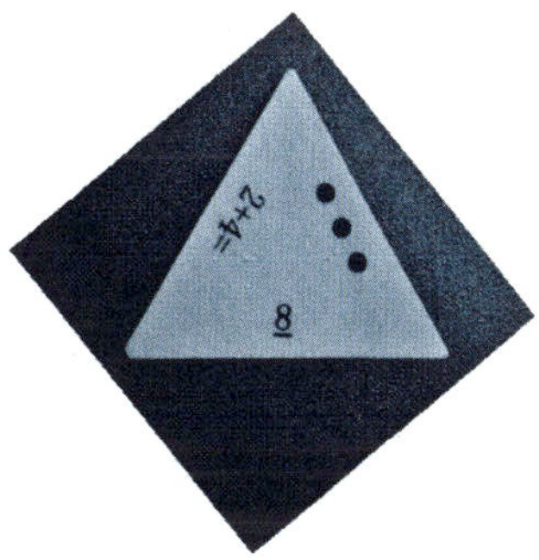

● 数学功能

1. 练习口算10以内加减式题，提高口算的准确率和速度。
2. 分辨几何图形不同边的空间方位对应拼接。

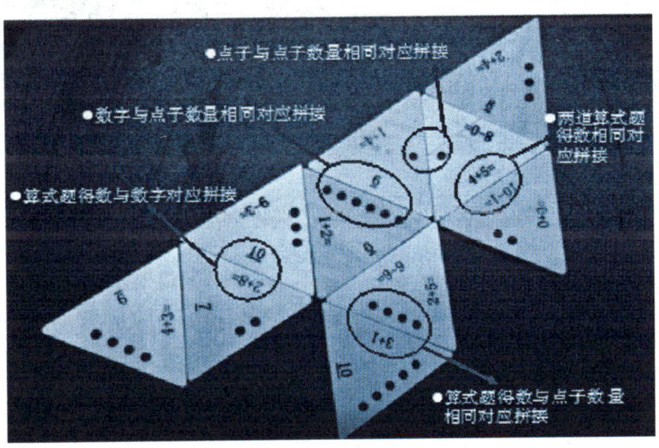

学具7

使用策略

1. 适用性

该学具适合大班年龄的孩子，在上半学期的时候，可以投放6以内的算式题。三角形片的数量可以是每个幼儿5—6片，然后逐步增多三角形片的数量，直到投放所有三角片。

结合大班幼儿的年龄特点，教师还可以引导2—4名幼儿合作游戏。

2. 呈现方式

教师可以为幼儿提供一个盘子，将三角形片放在其中，便于幼儿整理。合作游戏时，指导幼儿在自己的三角形片上贴粘纸，防止与对手的三角形片混淆。

3. 教师的指导策略

（1）语言提示

在活动前，教师可以交代材料的名称，与幼儿讨论材料的功能、玩法以及游戏规则。

（2）适时调整游戏规则

合作游戏规则可以由易到难，合作游戏初期要求幼儿拼完手中的三角牌（允许拼接在自己的三角牌上），等幼儿熟练游戏以后，可以要求游戏者在拼接时，必须拼接在对手的三角牌上。（实在没有地方拼接，才能拼在自己的三角牌上。）（见下图）

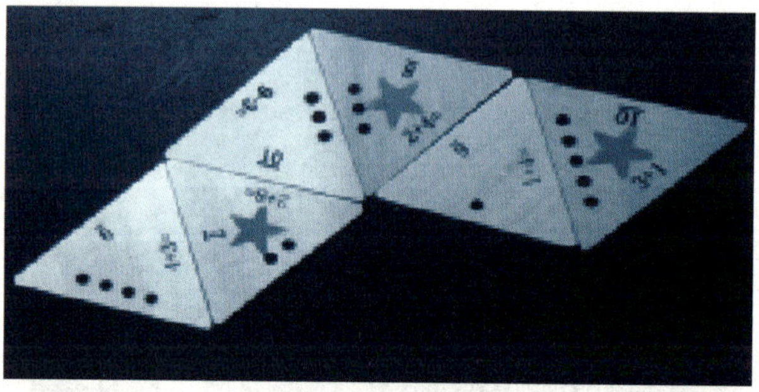

大班后期，教师可以提供印有10以内加减法的算式题三角形片（三角形的每边上都有10以内的加减算式题，可以根据幼儿口算能力的强弱进行调整），幼儿根据自己的意愿，将印有10以内加减法算式题的三角形片粘贴在原有的10片三角形片的反面，提高材料数学内容的丰富性及对孩子拼接的挑战性。

实践案例

活动名称：好玩的三角对对碰（大班）

奥林幼儿园　沈文茜

设计思路

《3—6岁儿童学习与发展指南》中指出：通过实物操作或其他方法进行10以内的加减运算。因此在幼儿个别化学习活动中，投放了“三角对对碰”的数学学具。通过幼儿操作，试图让幼儿运用多种方法进行接龙活动，知道两边数量或得数相等时才能连接。从而来提高幼儿10以内的加减运算能力。观察幼儿活动过程，发现出现情况有：幼儿不能进行三角片的多边拼接活动，往往两片两片的进行拼接。出现的拼接方法主要停留在点点对接、数数对接、点数对接、数字算式题对接的居多，而点子算式题对接较少，算式题与算式题对接的就几乎没有了。针对这样的情况，设计了集体活动《好玩的三角对对碰》，旨在帮助孩子疏理归纳拼接的多种方法，拓展提升多种数经验，提高数数及加减口算的兴趣和能力，感受活动的乐趣。

活动目标

1. 交流并尝试运用多种数经验，进行三角片的多边拼接活动，感受拼接的乐趣。
2. 提高数数及口算加减的兴趣和能力。

活动准备

PPT、学具三角对对碰一套

活动过程

一、看看说说、交流分享

出示幼儿活动中的照片

提问：你在玩的时候是用什么办法把三角片和三角片连接起来的呢？

小结

只要点和点一样多、数字一样大、点和数一样大就可以接在一起。前几次玩的时候孩子们有的是几片接在一起，有的是一堆一推地接在一起，不能把很多的都连在一起。

二、问题提出、操作体验

1. 解决三角形三边连接的问题

（1）能不能把这些三角片都连接在一起呢？

（2）尝试操作

中班的时候我们都玩过接龙游戏你们还记得那是怎么玩的吗？（一边相接）三角片有几边可以怎么拼接呢？

2. 取一块三角片，想想它的一边接什么？另两边又接什么呢？（提升连接方法）

孩子们把三角片的每一边都连接起来了，有的用了点和点连接的办法、有的用了数和数连接的办法、有的孩子还用了算式题和得数连接的办法。已经接好的还能不能继续接呢？把它拼接得大一些，再来试一试。

小结

用点和点连接、数和数连接、算式题和得数连接的不同方法就可以把三角片都连接在一起。

3. 丰富三角形三边连接的方法

（1）已经接好的还能不能继续接呢？

（2）捕捉算式题和点子连接、算式题和算式题连接的案例解读

检验拼接成的图形中连接的地方两边数量都是相等吗？取一组检查一遍（幼儿报得数）

4. 鼓励运用多种方法完成连接

（1）快速地把10片三角片接完

（2）说说你用了那些方法来连接

小结

拼接的办法多了就能使我们迅速地接完。

5. 再次尝试

三、延伸活动

1. 把幼儿拼接作品展示，看看对对碰接完后的图形像什么？

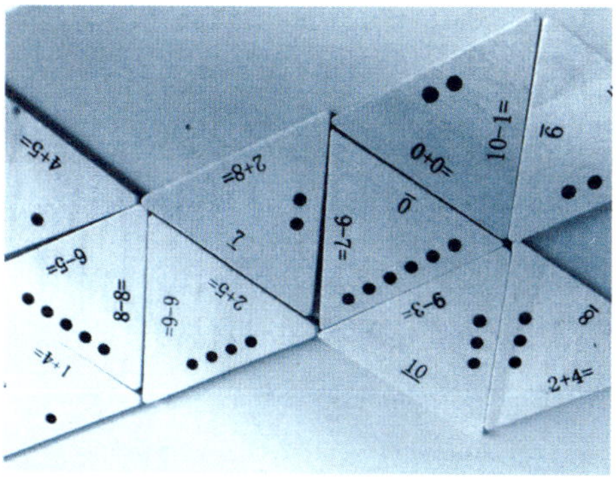

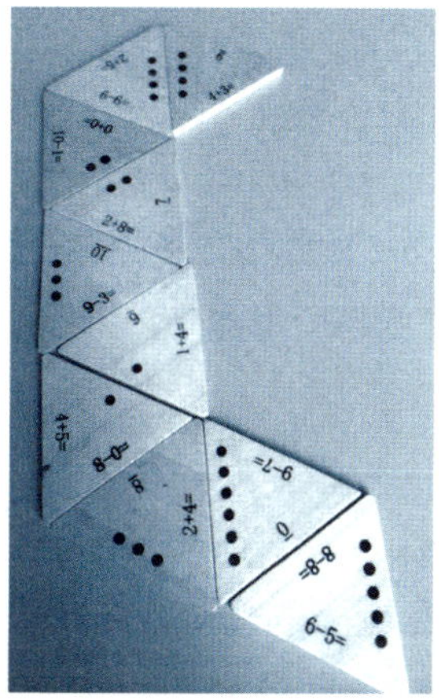

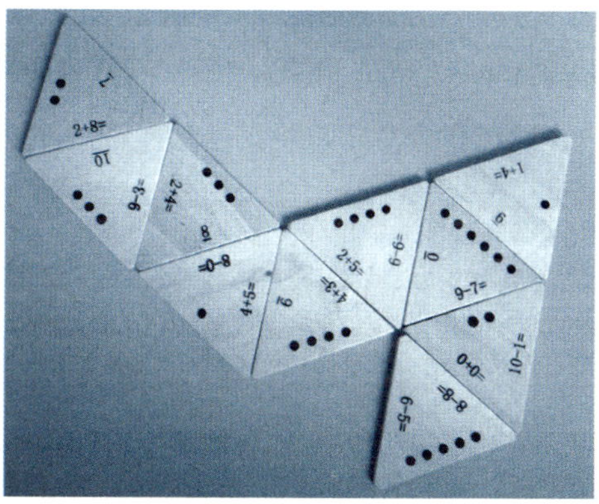

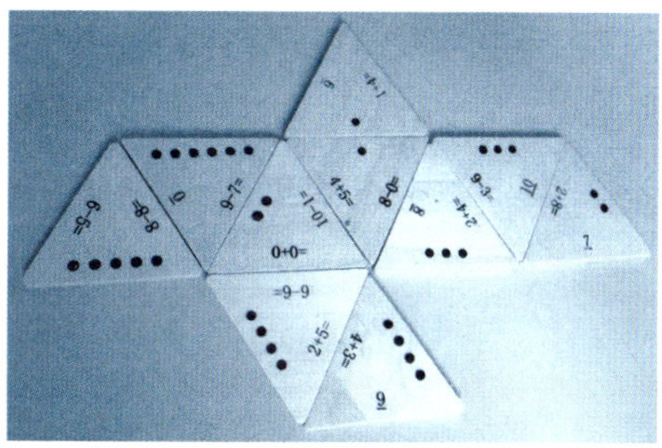

2. 增加人数合作玩、制定规则进行对抗赛等。